新思维商务日语系列教材

U0129518

商务日语阅读

主　编　杨洪玲　郑丽丽　齐羽羽

副主编　彭　鹏　马洪清　吴昱燕

参　编　刘幼藜　徐晓雯　杨佳玉　刘春龙（企业）

同济大学出版社·上海

TONGJI UNIVERSITY PRESS · SHANGHAI

图书在版编目(CIP)数据

商务日语阅读 / 杨洪玲,郑丽丽,齐羽羽主编;彭
鹏,马洪清,吴昱燕副主编. —上海:同济大学出版社,
2023.8

ISBN 978-7-5765-0564-1

Ⅰ.①商… Ⅱ.①杨… ②郑… ③齐… ④彭… ⑤马
… ⑥吴… Ⅲ.①商务-日语-阅读教学-高等职业教育
-教材 Ⅳ.①H369.4

中国版本图书馆CIP数据核字(2022)第251090号

商务日语阅读

杨洪玲	郑丽丽	齐羽羽	主编	彭 鹏	马洪清	吴昱燕	副主编
出品人	金英伟	策 划	高嘉庆	责任编辑	戴如月	夏涵容	
助理编辑	府晓辉	责任校对	徐逢乔	封面设计	潘向蓁		

出版发行　同济大学出版社　www.tongjipress.com.cn
　　　　　(地址:上海市四平路1239号　邮编:200092　电话:021-65985622)
经　　销　全国各地新华书店、网络书店
排版制作　南京展望文化发展有限公司
印　　刷　大丰市科星印刷有限责任公司
开　　本　787mm×1092mm　1/16
印　　张　10
字　　数　250 000
版　　次　2023年8月第1版
印　　次　2023年8月第1次印刷
书　　号　ISBN 978-7-5765-0564-1

定　　价　48.00元

前　言

　　为满足广大高校对商务日语人才培养的需求，使学生掌握文化、经济、商务等方面的知识，提高跨文化交际能力以及商务交流能力，完成从学生到职场人的身份转变，我们编写了这本《商务日语阅读》教材。

教材简介

　　本教材分为"跨文化交际篇"和"商务交流篇"，共 12 课，每课包括三部分：课文、解说和练习。"跨文化交际篇"介绍了中日两国的民间故事、新年风俗、传统文化等内容，目的在于扩大学生的知识面，提高学生的跨文化交际能力；"商务交流篇"包括中日两国的企业文化、中国品牌进入日本、数字化生活、"一带一路"等内容，让学生了解新时代有代表性的中国经济，培养学生讲好中国经济发展故事的能力。练习部分通过问答题和翻译两种题型巩固学生对课文的理解。为了体现课证融通，每课有两篇 J.TEST 阅读理解真题。最后的读新闻环节既可以引导学生扩大知识面，又可以提高学生的学习积极性，培养学生的自主学习能力。

教材特色

1. 立足"立德树人"根本任务

　　教材注重引导学生树立正确的世界观、人生观和价值观。围绕每课的主题内容，有机融入思政教育、人文素质教育，培养学生的文化自信和民族自豪感。实现思想政治教育、文化教育和语言教育的有机统一，达到立德树人的目的。

2. 选题新颖，适合新时代发展需求

　　教材内容融入中国元素，打破日语阅读类教材只学习日本元素的单一性。既注重培养学生用日语讲好中国故事，特别是中国的经济发展故事的能力，又注重文化自信与跨文化交际能力的培养。培养学生成为知中国、爱中国，兼具家国情怀和国

际视野的日语人才，适应职业教育对外开放和国际合作需要。

3. 课证融通，精准育人

本教材与 J.TEST（实用日本语检定考试）相结合，将职业技能等级标准和考试内容融入教材，既考虑职业岗位对学生日语应用能力的要求，又考虑为学生的可持续发展打下坚实的日语基础。

教材编写分工

本教材由杨洪玲、郑丽丽、齐羽羽担任主编，彭鹏、马洪清、吴昱燕担任副主编，刘幼藜、徐晓雯、杨佳玉、刘春龙担任参编，具体分工如下：杨洪玲负责全书的总体规划、组织和统稿工作，并编写第 1 课、第 2 课、第 10 课；郑丽丽负责全书的统稿工作，并编写第 3 课、第 4 课、12 课；齐羽羽负责全书的统稿工作，并编写第 7 课及负责课后练习 J.TEST 部分的统筹安排工作；彭鹏编写第 6 课、第 11 课；马洪清编写第 5 课、第 9 课；吴昱燕负责第 8 课；刘幼藜参与了第 1 ～ 6 课解说部分的编写；徐晓雯参与了第 7 ～ 9 课解说部分的编写；杨佳玉参与了第 10 ～ 12 课解说部分的编写。刘春龙参与教材本文内容的选题。在编写过程中得到了日籍教师米川仁老师及 J.TEST 中国事务局的大力支持，在此深表感谢。

尽管编者倾心而作，但书中难免有不尽人意之处，敬请各位专家及同仁给予指正，并将意见及时反馈给我们，以便我们不断改进教材，使之更臻完善。

编　者

2023 年 5 月

目 录

第一単元

跨文化交际篇

第 1 課　昔　話

本文 1 🎧　　織姫と牽牛の愛の物語

　むかし、むかし、誠実な青年がいました。彼の仕事は牛の世話をすることです。そのため人々は、若者のことを牽牛と呼びました。

　牽牛は父と母を早くに亡くし、また生活をともにする兄の嫁から毎日のようにひどい扱いを受けていました。

　ある日、牽牛は兄嫁から家を追い出されてしまいました。牽牛はとても心を痛め、山奥に入りました。そこで、傷を負った一頭の老牛に出会いました。牽牛は一生懸命、傷を負った老牛の世話をしました。

　老牛は「私はもともと天界に住む牛の仙人だった。しかし、天の規則を破ってしまい、地上に追放されてしまった」と言いました。老牛の傷は、地上に落ちたときにできた傷だったのです。

　やがて老牛の傷が癒えると、老牛は牽牛と一緒に生活をするようになりました。

　ある日のことです。天界にいた織姫が地上に下りてきて、川で水浴びをしていました。それを見た老牛は、あれは天界の

織姫（おりひめ）②
「名」织女；织女星
牽牛（けんぎゅう）⓪
「名」牛郎；牛郎星
物語（ものがたり）③
「名」故事，传说

兄嫁（あによめ）②「名」
　嫂子，哥哥的妻子
追い出す（おいだす）③
　「他五」赶出，撵出，
　驱逐出去
山奥（やまおく）③「名」
　深山
負う（おう）⓪「他五」
　背，负
天界（てんかい）⓪「名」
　天界
追放（ついほう）⓪
　「名・他サ」驱逐，赶
　出；开除
癒える（いえる）②「自
　一」痊愈，好了

下りる（おりる）②「自
　一」下来，降落

織姫だと牽牛に教えました。老牛のおかげで牽牛は織姫と知り合いました。二人は知り会ってから、すぐ恋に落ちました。

　その後、織姫は、天界からこっそり地上に下りてきて、牽牛と会いました。地上に暮らす人間の牽牛と、天界の織姫はやがて結婚し、二人の子どもが生まれました。それはとても幸せな生活でした。

　でも、そのような幸せは長く続きませんでした。天界に住む神様に知られてしまったのです。そのことを知った織姫の母親が怒り、娘を地上から天界へ無理やり連れて帰りました。

　織姫がいなくなった牽牛は途方に暮れました。老牛は困り果てた牽牛の姿を見て牽牛に言いました。

　「私が死んだら、私の皮で靴を作りなさい。その靴を履けば、天界まで行くことができます」。

　老牛が亡くなった後、牽牛は言われた通りに老牛の皮で靴を作りました。その靴を履いて、子どもと一緒に織姫が暮らす天界まで行きました。

　織姫の母は、天界までやってきた牽牛と子どもの姿を見てびっくりしました。怒った織姫の母は、髪から金の簪を抜き、空中で振りかざしました。すると、

こっそり③「副」悄悄地；偷偷地

無理やり（むりやり）⓪「副」硬；强迫

途方に暮れる（とほうにくれる）「慣」迷失方向，无路可走，束手无策

困り果てる（こまりはてる）⑤「自一」束手无策，不知所措

簪（かんざし）⓪「名」簪子

振りかざす（ふりかざす）④「他五」挥起，挥舞

うねるような巨大な大波が現れ、天の川となりました。天の川に隔たれた織姫と牽牛は、また離れ離れになってしまい、両岸で泣きました。

　彼らの様子を遠くから見ていたカササギは、二人の深い愛に感動しました。心を打たれたカササギは一千万の仲間を連れて、天の川にカササギの橋を作りました。カササギの優しさにふれた織姫の母は、二人の関係を認めることにしました。そして毎年一度、七夕の7月7日の日だけ、織姫と牽牛を会わすことを許したのです。

　このようにして七夕の日は、ロマンチックな愛の物語として、「中国のバレンタインデー」と呼ばれるようになりました。

うねる②「自五」弯曲，蜿蜒；滚动，翻腾
大波（おおなみ）⓪「名」大浪
隔たる（へだたる）③「自五」相隔，离，距。
離れ離れ（はなればなれ）④「名」分散，分开
カササギ⓪②「名」喜鹊
心を打たれる（こころをうたれる）「慣」深受感动
ふれる⓪「自一」感觉；感动
会わす（あわす）②「他五」使……见面
七夕（たなばた）⓪「名」七夕
ロマンチック④「形動」浪漫
バレンタインデー⑤「名」情人节

本文2 🎧

鶴の恩返し

　昔、あるところにお爺さんとお婆さんが住んでいました。二人は貧しくても、とても親切でした。ある寒い雪の日、お爺さんは町へ薪を売りに出かけました。その帰りに、罠にかかっている一羽の鶴を見つけて、助けてやりました。

　家に帰って、お爺さんはその話をお婆さんにしました。すると、入口を叩く音がしました。お婆さんが扉を開けたら、美しい娘さんがそこに立っていました。雪の中で道に迷ってしまったと言って、一晩泊めてもらいました。次の日もまた次の日も雪は降り続き、娘さんは心優しく二人のために炊事、洗濯、何でもやりました。

　ある晩のことです。娘は、「私は綺麗な布を織りたい

鶴（つる）①「名」仙鹤
恩返し（おんがえし）③「名・自サ」报恩
薪（たきぎ）⓪「名」柴，柴火
罠（わな）①「名」陷阱，捕捉鸟兽的圈套

叩く（たたく）②「他五」打，拍打
扉（とびら）⓪「名」门

炊事（すいじ）⓪「名」炊事，做饭
織る（おる）①「他五」织，编织

と思います。糸を買ってきてくれませんか」と言いました。

お爺さんはさっそく糸を買ってきました。作業を始めるとき、「機を織っている間は、決して部屋を覗かないでください」と言いました。

娘は部屋に閉じこもると一日中機を織り、夜になっても出て来なくて、次の日も次の日も機を織り続けました。三日目の夜、娘は一巻きの布を持って、出てきました。それは実に美しいもので見たことのない織物でした。

「これは鶴の織物と言うものです。どうか明日町に行って売ってください。そしてもっと糸を買ってきてください」。

次の日、お爺さんは町へ出かけて、とても高いお金で鶴の織物を売って、糸と他の物を買いました。次の日、娘はまた織物を織りはじめました。三日が過ぎたとき、お婆さんは娘の機織りを覗いてしまいました。鶴が機を織っているのを見て驚きました。一羽の鶴が長い嘴を使って羽根を抜いて糸に織り込んでいました。その夜、娘は織物を持って部屋から出てきました。

糸（いと）①「名」线

作業（さぎょう）①「名・自サ」工作，作业，劳动
機（はた）②「名」织布机；用织布机织的布
覗く（のぞく）⓪「自・他五」窥视，探视
一巻き（ひとまき）②「名」一卷

機織り（はたおり）③④「名・サ変」织布
嘴（くちばし）⓪「名」鸟嘴，喙
羽根（はね）⓪「名」羽毛
織り込む（おりこむ）③⓪「他五」编入，织入

　「お爺さん、お婆さん。私は罠にかかっているところ
を助けられた鶴です。恩返しに来たのですが、姿を見
られた**からには**もうここにいられません。長い間あり
がとうございました」とお礼を言うと、鶴になり、山
の方に飛んでいってしまいました。

お礼を言う（おれいをい
う）「慣」致谢，道谢

解　説

1　でも、そのような幸せは長く続きませんでした。天界に住む神様に知られて
しまったのです。そのことを知った織姫の母親が怒り、娘を地上から天界へ
無理やり連れて帰りました。/ 但是好景不长，这件事被住在天上的神仙知道
了。织女的母亲知道了这件事很生气，把女儿从人间强行带回了天上。

文法：**〜てしまう**

接続：動詞て形＋しまう

意味：（1）表示动作全部完成，或是到达某种状态。

　　　（2）表示说话人后悔或者遗憾的心情。

例文：① 今日の宿題をしてしまったら、遊びに行きましょう。/ 今天的作
业做完之后，就去玩吧。

　　　② バスにかばんを忘れてしまいました。/ 把包忘在公交车上了。

　　　③ こんなに雨にぬれたら、風邪を引いてしまうよ。/ 被雨淋得这么
湿，会感冒的呀。

2　老牛が亡くなった後、牽牛は言われた通りに老牛の皮で靴を作りました。そ
の靴を履いて、子どもと一緒に織姫が暮らす天界まで行きました。/ 老牛死
后，牛郎按照老牛说的用老牛的皮做了一双鞋。牛郎穿着那双鞋，和孩子一
起去了织女生活的天上。

文法：**〜通りに**

接続：動詞辞書形 / た形＋通りに

　　　名詞の＋通りに

意味："正如……那样""如同……那样"；"按照……"。

例文：① お母さんに習った通りに作ります。/ 按照跟妈妈学的做。

② 私の言う通りに繰り返して言ってみてください。/ 你照我说的那样反复说几遍看看。

③ 説明書の通りに組み立ててください。/ 请按照说明书安装。

---

3 お爺さんはさっそく糸を買ってきました。作業を始めるとき、「機を織っている間は、決して部屋を覗かないでください」と言いました。/ 老爷爷立刻买来了线。姑娘要开始织布时，说："在我织布期间请绝对不要朝屋里看。"

文法: ～間

接続: 名詞の＋間

動詞辞書形＋間

意味: "……的期间"。

例文: ① 彼は電車に乗っている間、ずっとスマホを見ていました。/ 他坐电车的时候，一直在看智能手机。

② 食事の間、ずっと彼氏と話していました。/ 吃饭时一直在和男朋友聊天。

③ 昨日は、家にいる間、ずっと本を読んでいました。/ 昨天在家的时候一直在看书。

---

4 「お爺さん、お婆さん。私は罠にかかっているところを助けられた鶴です。恩返しに来たのですが、姿を見られたからにはもうここにいられません。長い間ありがとうございました」とお礼を言うと、鶴になり、山の方に飛んでいってしまいました。/ "爷爷、奶奶，我是被困在捕鸟器上被救出来的仙鹤，为了报恩来这里的。既然我的真身被识破了，就再也不能留在这里了。这段日子，非常感谢你们。"她道完谢后，变成仙鹤，往山的方向飞去了。

文法: ～からには

接続: 動詞 / 形容詞普通形＋からには

名詞 / 形容動詞語幹である＋からには

意味: "既然……就……"。

例文: ① 約束したからにはその約束を守らなければならない。/ 既然约好了，就必须遵守那个约定。

② 学生であるからには、しっかり勉強しなければならない。/ 既然
是学生，就必须好好学习。

③ 外国に行ったからには、外国の習慣に従います。/ 既然去了外国，
就要遵从外国的习惯。

練習問題

問題 I　次の質問に答えてください。

1. 牽牛はどうして山奥に入りましたか。
2. 老牛はもともと何でしたか。どうして地に落ちたんですか。
3. ある日老牛が牽牛に何を教えましたか。
4. 牽牛は老牛の皮で何をしましたか。
5. どうして牽牛は天界まで行くことができましたか。
6. カササギは二人の深い愛に感動して、何をしましたか。
7. 日本の七夕の風習を調べて、皆に紹介してください。
8. お爺さんは町へ薪を売りに出かけて、その帰りに何をしましたか。
9. お婆さんが扉を開けたら、入口に立っている美しい娘さんが何と言いましたか。
10. どうして鶴は羽根を抜いて糸に織り込みましたか。

問題 II　読解

（一）次のメールを読んで、問題に答えてください。答えは A・B・C・D の中から
一番いいものを 1 つ選んでください。（J.TEST D-E 級第 145 回）
これはカンさんと会社の人のメールです。

（カンさんが書いたメール）　　　　　（会社の人が書いたメール）

カンと申します。ざっしでアルバイト
の募集を見ました。日本語が、あまり
上手じゃありませんが、働けますか。

カンさん、お問い合わせありがとうご
ざいます。
カンさんは、どこの国の人ですか。
日本の字が読めますか。

> わたしは、ベトナム人です。
> ひらがなと、カタカナは、どちらも読めます。
> 漢字は、簡単な字は、大丈夫です。

> そうですか。ひらがなが読めれば、大丈夫です。工場には、ベトナム人のリーダーがいます。
> 今週か、来週、面接に来てください。

> 分かりました。では、あした金曜日は、時間がありますから、そちらへ行きたいです。時間を教えてください。
> よろしくお願いします。

1. カンさんについて、メールの内容と合っているのは、どれですか。

   A. カタカナがあまり読めません。

   B. 漢字が少し読めます。

   C. あしたから働くことになりました。

   D. 金曜日は忙しいです。

2. 会社について、メールの内容と合っているのは、どれですか。

   A. 工場の仕事はありません。

   B. ひらがなが読めないと働けません。

   C. ベトナム人はリーダーになれません。

   D. カンさんとは面接しません。

(二) 次の文章を読んで、問題に答えてください。答えはA・B・C・Dの中から一番いいものを1つ選んでください。（J.TEST D-E級第147回）

　　もうすぐ私の母の誕生日です。今年で55歳になります。私が国にいる時は、家族みんなでよくケーキをつくっていました。今年は仕事で日本に来ているので、一緒にお祝いできません。ですから、母にプレゼントを送ろうと思います。今、私の国はとても寒いですから、暖かい服と帽子にしようと思います。今からデパートに、探しに行きます。今週分の自分の食料品も買うので車で行きたいのですが、近所のデパートには、駐車場がありません。だから同じアパートに住んでいる友達のカインさんを呼びに行って、手伝ってもらいます。

1. 私（＝筆者）はこのあとまず何をしますか。
   A. 車に乗ります。　　　　　　　　B. 友達の部屋へ行きます。
   C. デパートに行きます。　　　　　D. ケーキを作ります。
2. 私（＝筆者）について、文章の内容と合っているのは、どれですか。
   A. カインさんと二人で住んでいます。
   B. ケーキ屋で働いています。
   C. デパートで、食料品を買うことにしました。
   D. 自分の服と帽子を買うつもりです。

問題Ⅲ　次の文を中国語に訳してください。

1. 牽牛は父と母を早くに亡くし、また生活をともにする兄の嫁から毎日のようにひどい扱いを受けていました。
2. 織姫がいなくなった牽牛は途方に暮れました。老牛は困り果てた牽牛の姿を見て牽牛に言いました。
3. 怒った織姫の母は、髪から金の簪を抜き、空中で振りかざしました。すると、うねるような巨大な大波が現れ、天の川となりました。
4. 娘は部屋に閉じこもると一日中機を織り、夜になっても出て来なくて、次の日も次の日も機を織り続けました。
5. これは鶴の織物と言うものです。どうか明日町に行って売ってください。そしてもっと糸を買ってきてください。

問題Ⅳ　最近見たニュースを下の欄に書いて、皆に紹介してください。

第2課　新年のさまざまな風習

本文1　春節のさまざまな風習

　4000年以上の歴史がある中国の春節は旧暦の正月を意味し、中国で最も重要とされる祝祭日です。大晦日の夜（毎年の最後の夜）から旧暦正月の15日までの期間を春節とし、実家を離れて遠くで働く人たちは、みな故郷に帰り、家族団らんのひとときを過ごします。また、春節期間中は全国各地でさまざまな催し物が開催され、その地域ごとに特色ある民族風習があります。

　毎年春節前になると、どの家も大掃除をし、大晦日の日に門の正面の両脇に春聯が貼られます。また、窓花を貼るのは窓に貼る切り細工として中国各地で昔から伝わってきた春節の習俗です。赤い紙で干支や吉祥を象徴する模様を切り、窓に貼って春節を祝います。

春節（しゅんせつ）⓪
「名」春节

風習（ふうしゅう）⓪
「名」风俗，习惯

旧暦（きゅうれき）⓪
「名」旧历；阴历

祝祭日（しゅくさいじつ）③「名」庆祝日和祭祀日，法定节假日

大晦日（おおみそか）③
「名」除夕，大年三十

実家（じっか）⓪「名」父母之家，老家；娘家；婆家

家族団らん（かぞくだんらん）④「名」全家团圆

催し物（もよおしもの）⓪集会，文娱活动

大掃除（おおそうじ）③
「名」大扫除

両脇（りょうわき）⓪
「名」两侧

春聯（しゅんれん）⓪
「名」春联

細工（さいく）⓪「名」手工艺，工艺品

干支（かんし）①「名」干支，十干与十二支

吉祥（きちじょう）⓪
「名」吉祥

大晦日の深夜 12 時になると、正月が始まります。魔除けのため、どの家も爆竹を鳴らし、大きな破裂音で賑やかな雰囲気を演出し、喜びや幸福をもたらします。しかし、時間の流れとともに、爆竹は危険な物として見なされるようになり、多くの都市では爆竹を禁止しています。現在では田舎や地方の小都市だけで爆竹の文化が残っています。

　大晦日に家族団らんで食べたりお酒を飲んだりして年越し料理を食べる習慣があります。年越し料理の献立も縁起を担ぎ、たとえば炒めレタスは生財を意味し、蒸し魚は余と魚の発音が同じであることから、「年年有魚」といい、「毎年お金が残るゆとりある生活が送れるように」という願いが込められています。

　子どもたちにとって年越し料理の後の楽しみといえば、お年玉です。子どもは悪いものから影響を受けやすいため、お年玉によって、「厄払いをし、新しい一年を平和に過ごせるように」という意味が込められています。

　旧暦 1 月 1 日と翌日の 2 日は、親戚や友人などの家を訪ねて、新年の挨拶をして、良い 1 年になることを祈ります。その挨拶を中国語では「拝年」と言います。

　「拝年」はまず家の家族に向けて始まります。春節の朝に起床すると、まず、目下の子供が目上の親などに挨拶をして、その健康と長寿、順調な 1 年になること

魔除け（まよけ）⓪「名」
　辟邪，驱邪
爆竹（ばくちく）⓪「名」
　鞭炮
鳴らす（ならす）⓪「他
　五」鸣，发出声响
破裂音（はれつおん）③
　「名」爆破声，爆裂声
見なす（みなす）⓪②
　「他五」视为，看作
年越し料理（としこしりょ
　うり）⑤「名」年夜饭
献立（こんだて）⓪
　「名」菜单
縁起を担ぐ（えんぎをか
　つぐ）「慣」讲究吉利
蒸し魚（むしざかな）③
　「名」蒸鱼
込める（こめる）②「他
　一」包括在内
お年玉（おとしだま）⓪
　「名」压岁钱
厄払い（やくはらい）③
　「名」消灾，驱魔
訪ねる（たずねる）③
　「他一」访问，拜访
祈る（いのる）②「他
　五」祈祷；祝愿
起床（きしょう）⓪
　「名・サ変」起床
目下（めした）⓪③「名」
　部下，晚辈
目上（めうえ）⓪③
　「名」上司，长辈
長寿（ちょうじゅ）①
　「名」长寿
順調（じゅんちょう）⓪
　「名・形動」顺利

を祈ります。そして挨拶を受けた親たちは準備しておいたお年玉を子供に配ります。家族への挨拶を終えると、今度は外出して近所などを訪問し合い、人に会うたび新年の挨拶をし、素晴らしい１年となることを祈ります。また、家では飴やお菓子を用意し、挨拶に来た人をもてなします。

　１月２日になると、贈り物を手に親戚や友人を訪ねます。また、既婚女性は夫や子供を連れて、たくさんの贈り物を手に、実家に戻ります。その時、女性側の両親はご馳走などで歓待します。

配る（くばる）②「他五」分给，分配

既婚（きこん）⓪「名」已婚
歓待（かんたい）⓪「他サ」款待，热情招待

本文2 🎧　　　新年のいろいろな風習

　日本では１月１日が新年で、12月31日の大晦日は無事に一年を過ごせたことを感謝して、新しい年を迎える準備をする日です。

　１月１日になると年が明けると、日本全国は一気にお祝いムードに包まれます。元旦は「年神様」という幸福をもたらす神様が各家庭に降臨するからです。

　新しい１年を気持よく迎えるようにするために、大

明ける（あける）⓪「自一」过年，到了新的一年
ムード①「名」心情，气氛
元旦（がんたん）⓪「名」元旦，１月１日早晨
年神様（としがみさま）⓪「名」年神

もたらす③「他五」帯来，招致
降臨（こうりん）⓪「名・自サ」降临

晦日に日本人は大掃除を行います。1年間お世話になった会社事務所や自分の家に感謝の気持ちを込めて、社員や家族全員で丁寧に掃除を行います。日本の会社では 28 日ごろに大掃除を行った後から、年末の休みが始まることが多いです。

　年神様が迷わずに家を見つけるための目印として家の玄関前に門松を飾ります。注連飾りは年神様を迎える準備ができていて清められた場所であることを表す飾り物です。

　玄関先に門松と注連飾りを飾れば、年神様がやってきてくれて、気分もお正月モードになります。古来から松には神が宿ると言われており、昔の日本の家には庭先に松が植えられていました。昔は雄松と雌松を飾っていましたが、現代では、竹や梅が添えられた縁起物に進化しています。

　大晦日の夜には「お蕎麦のように、細く長く生きられますように」という願いを込めて、「年越しそば」を食べることが一般的です。年越しそばを食べる習慣は、江戸時代から始まっています。蕎麦は細く長いため、家族の縁が続くように、長寿と健康を願って食べられるようになりました。蕎麦の麺は切れやすいために、

丁寧（ていねい）①「形動」小心，周到，郑重
目印（めじるし）②「名」目标，记号
門松（かどまつ）②「名」门松
注連飾り（しめかざり）③「名」（新年挂在门上或神前作装饰用）稻草绳
モード①「名」模式，样式
宿る（やどる）②「自一」投宿，寄居
雄松（おまつ）①「名」黑松
雌松（めまつ）①「名」红松
縁起物（えんぎもの）⓪「名」吉祥物
蕎麦（そば）①「名」荞麦面
年越しそば（としこしそば）⑤「名」除夕晚上吃的荞麦面
江戸時代（えどじだい）③「名」江户时代

一年の災厄を断ち切るために食べる意味もあります。

　年越しそばを食べる時間は夕食が一般的ですが、福島県や長野県の一部地域のように、元旦に食べる地域もあります。「うどん県」として知られる香川県では年越し蕎麦の代わりにうどんを食べる地域もあるようです。

　大晦日の夜更けに、日本の色々なお寺で鳴らされる108回の鐘を「除夜の鐘」といいます。鐘をつくことで、悩みや心の中の嫌なものを1つ1つ取り除いて、清らかな心で正月を迎えようという意味が込められています。108回の鐘のうち、107回は年を越す前に、最後の1回は、「幸せな一年になりますように」という思いを込めて、年が明けた瞬間につきます。

災厄（さいやく）⓪「名」災难，灾害，灾祸
断ち切る（たちきる）③⓪「他五」切断，隔断，断绝
福島県（ふくしまけん）④「名」福岛县
長野県（ながのけん）③「名」长野县
香川県（かがわけん）③「名」香川县
夜更け（よふけ）③「名」深夜
除夜の鐘（じょやのかね）①「名」除夕夜12点敲响的新年钟声（通常敲108下，寓意着消除108种烦恼）
取り除く（とりのぞく）⓪④「他五」去除，除掉
清らか（きよらか）②「形動」清澈，清洁，洁白
越す（こす）⓪「自五」越过，渡过
瞬間（しゅんかん）⓪「名」瞬间

解　説

1　4000年以上の歴史がある中国の春節は旧暦の正月を意味し、中国で最も重要とされる祝祭日です。/ 有4000多年历史的中国春节指的是农历新年，被认为是中国最重要的节日。
　文法：〜とされる / とされている

接続：文の普通形＋とされる / とされている（名词谓语句中的助动词 "だ" 可以省略。）

意味："被认为，被视为"。表示某事得到认同，从而被当作一般常识。用于书面语。

例文：① 彼女は優秀な医者とされる。/ 她被认为是优秀的医生。

　　　② 日本でも、四は縁起の悪い数字とされている。/ 数字 4 在日本也被认为是一个不吉利的数字。

　　　③ 大皿から料理を取る時は取りばしを使うのが正式なマナーだとされる。/ 从大盘中取菜时，使用公筷被认为是正规的礼仪。

---

2 春節期間中は全国各地でさまざまな催し物が開催され、その地域ごとに特色ある民族風習があります。/ 春节期间全国各地都会举办各种各样的活动，每个地区都有富于特色的民族风俗。

文法：～ごとに

接続：名詞＋ごとに

　　　動詞辞書形＋ごとに

意味："每……"。前接动词辞书形时，表示"每当……就……"。

　　　（1）（接数量名词）表示某种行为或状态以一定的间隔有规律地进行或呈现。

　　　（2）（接名词）表示同类事物无例外地都是如此。

　　　（3）（接动词）表示反复发生的事情的每一次。

例文：① オリンピックは 4 年ごとに開催される。/ 奥运会每四年举办一次。

　　　② 郵便配達人は、家ごとに郵便物を配達する。/ 邮递员挨家挨户送邮件。

　　　③ 人は失敗するごとに成長していくものだ。/ 人是每经历一次失败都会成长的。

---

3 年越し料理の献立も縁起を担ぎ、たとえば炒めレタスは生財を意味し、蒸し魚は余と魚の発音が同じであることから、「年年有魚」といい、「毎年お金が残るゆとりある生活が送れるように」という願いが込められています。/ 年夜饭的菜品也讲究吉利，比如炒生菜是"生财"的意思，由于蒸鱼的"鱼"和"余"的发音一样，意味着"年年有余"，蕴含着人们的期待，希望每年

都能过上有余钱的宽裕生活。

文法： ～ことから

接続： 形容詞 / 動詞の名詞修飾形＋ことから

　　　　形容動詞な / である＋ことから

　　　　名詞＋である＋ことから

意味： "因为……"；"从……来看"。在句子中表示原因或依据，以前面的事实为线索引出后面的结论或结果。

例文： ① 彼は何でも知っていることから、「歩く辞書」と言われている。/ 因为他什么都知道，所以被称为"行走的词典"。

　　　　② 机の上がいつもきれいなことから、鈴木さんは綺麗が好きな人だ。/ 因为桌子上总是很干净，所以铃木是喜欢干净的人。

　　　　③ 彼は 3 か国語話せることから、海外のお客さんと取引のある部署へ配属となった。/ 因为他会说三国语言，所以被分配到了和海外客户有贸易往来的部门。

---

④ 年越しそばを食べる時間は夕食が一般的ですが、福島県や長野県の一部地域のように、元旦に食べる地域もあります。「うどん県」として知られる香川県では年越し蕎麦の代わりにうどんを食べる地域もあるようです。/ 吃跨年荞麦面的时间一般是晚饭时间，但是有的地区像福岛县和长野县等的部分地区一样，在元旦吃跨年荞麦面。在享有"乌冬县"盛名的香川县，也有一些地方吃乌冬面来代替跨年荞麦面。

文法： ～代わりに

接続： 動詞 / 形容詞 / 形容動詞の名詞修飾形＋代わりに

　　　　名詞の＋代わりに

意味： 表示代替、交换。

例文： ① 私が父の代わりに明日の会議に参加する。/ 我代替父亲参加明天的会议。

　　　　② 引っ越しを手伝ってもらった代わりに、食事をご馳走しよう。/ 你帮我搬家了，（作为回报）我请你吃饭吧。

　　　　③ 渡辺さんに日本語を教えてもらう代わりに、彼に中国語を教えてあげることにした。/ 我请渡边教我日语，作为交换我教他汉语。

練習問題

問題Ⅰ　次の質問に答えてください。

1. あなたの故郷で春節の時、どんな風習がありますか。
2. 中国で大晦日の日にどこに何を貼りますか。
3. どうして大晦日の深夜 12 時になると爆竹を鳴らしますか。
4. 炒めレタスと蒸魚はどんな願いが込められていますか。
5. お年玉を子供に配るのはどんな意味が込められていますか。
6. あなたの故郷で、年始回りは何をしますか。
7. 日本で社員や家族全員で丁寧に掃除をするのはどんな気持ちが込められていますか。
8. 日本ではどうして家の玄関先に門松と注連飾りを飾りますか。
9. 日本で大晦日の夜にはどうして「年越し蕎麦」を食べますか。
10. 日本で大晦日の夜更けにはどうして 108 回の鐘を鳴らしますか。

問題Ⅱ　読解

（一）次のメールを読んで、問題に答えてください。答えは A・B・C・D の中から一番いいものを 1 つ選んでください。（J.TEST D-E 級第 156 回）

（トアンが書いたメール）

鈴木さん。明日、ニホン電気に行ってくれませんか。パソコンを買いたいんです。

そうじゃありません。新しい仕事を始めるので、もう 1 台すぐに欲しいんです。

そうですか。じゃ、明日行ってみます。ありがとうございました。

（鈴木さんが書いたメール）

すみません、明日はちょっと…。土曜日ならいいんですが。パソコン、壊れたんですか。簡単な故障なら、私が直せますよ。

そうですか。じゃ、ＡＢＣ電気へ行ったらどうですか。ベトナム語を話す店員さんがいます。

いいえ。どういたしまして。

1. トアンさんについて、メールの内容と合っているのは、どれですか。
   A. 1人でパソコンを買いに行きます。
   B. パソコンを鈴木さんに借りています。
   C. 鈴木さんと会う約束をしました。
   D. パソコンが壊れました。

2. 鈴木さんについて、メールの内容と合っているのは、どれですか。
   A. ニホン電気で働いています。
   B. ベトナム語を話すことができます。
   C. 土曜日は忙しいです。
   D. パソコンの簡単な修理ができます。

（二）次の文章を読んで、問題に答えてください。答えはA・B・C・Dの中から一番いいものを1つ選んでください。（J.TEST D-E 級第 146 回）

　　わたしは、ななさんにスペイン語を教えています。ななさんは、日本人の大学生です。かわりにななさんは、私に日本語を教えてくれます。はじめの1時間は、スペイン語で、次の1時間は、日本語でいろいろなことを話します。ななさんは、大学でもスペイン語を勉強しているので、もちろん彼女のスペイン語のほうが、私の日本語より上手です。ですからスペイン語で話すときは、政治、経済、流行の話などもしますが、日本語ではもっとかんたんな会話になってしまいます。でも、とてもいい勉強になります。もうすぐわたしは、スペインに帰らなければなりません。スペインに帰ってからは、インターネット電話を使って、ななんさんとの勉強を続けたいです。

1. わたし（＝筆者）について、文章の内容と合っているのは、どれですか。
   A. スペインで日本語を教えています。
   B. 日本語で経済の話ができません。
   C. 今、ななさんとインターネットで勉強しています。
   D. 今、ななさんとスペインにいます。

2. 二人の勉強について、文章の内容と合っているのは、どれですか。
   A. 「わたし」が日本語で話して、ななさんがスペイン語で話します。
   B. 「わたし」がスペイン語で話して、ななさんが日本語で話します。
   C. スペイン語で話す日と日本語で話す日を決めて練習します。
   D. スペイン語で話す時間と日本語で話す時間を決めて練習します。

問題Ⅲ　次の文を中国語に訳してください。

1. 窓花を貼るのは窓に貼る切り細工として中国各地で昔から伝わってきた春節の習俗です。

2. 子どもは悪いものから影響を受けやすいため、お年玉によって、「厄払いをし、新しい一年を平和に過ごせるように」という意味が込められています。

3. 春節の朝に起床すると、まず、目下の子供が目上の親などに挨拶をして、その健康と長寿、順調な 1 年になることを祈ります。

4. 1 年間お世話になった会社事務所や自分の家に感謝の気持ちを込めて、社員や家族全員で丁寧に掃除を行います。

5. 108 回の鐘のうち、107 回は年を越す前に、最後の 1 回は、「幸せな一年になりますように」という思いを込めて、年が明けた瞬間につきます。

問題Ⅳ　最近見たニュースを下の欄に書いて、皆に紹介してください。

第3課　代表的な中華料理と日本料理

本文1 🎧　代表的な中華料理

中華料理とは、中国において、多種多様な食材で、その土地にあった料理方法で作り上げる料理を指しています。そして、その中華料理の多くは、自宅で食べる料理が発展したものとも言われています。

上海料理

上海は中国の東の地域にあります。そのため、日本で上海料理と言われると、中国の上海、揚州、蘇州、南京などの地方の料理を指すこともあります。つまり、その地方で食べられている料理になるのです。

上海料理は一般的に日本でも高価なもので、魚介類をたくさん使った、甘味が強いのが特徴となっています。カニやアワビ、エビなど新鮮な食材で作り上げる上海料理は、日本の味付けとまた違ったおいしさです。

多種多様（たしゅたよう）①「名・形動」多种多样，各式各样
食材（しょくざい）⓪「名」食材
土地（とち）⓪「名」当地；地域，区域
地域（ちいき）①「名」地域，地区
地方（ちほう）①②「名」地方，地区
高価（こうか）①「名・形動」高价
魚介類（ぎょかいるい）②「名」海鲜
甘味（あまみ）⓪「名」甜味；甜食
カニ⓪「名」蟹，螃蟹
アワビ①「名」鲍鱼
味付け（あじつけ）⓪「名・自他サ」调味

写真は有名な上海蟹です。旬の季節になると、あちらこちらのお店で食べている人を見かけます。小ぶりですが味噌が詰まっていて本当に美味しいです。

北京料理

北京料理は、北京と、北京の周辺である天津，河北などの地方の料理のことを言います。この地方の料理は味付けが濃く、色とりどりに飾られている料理が多いため、料理を目で楽しむことができるのが特徴です。

それもそのはず、もともと、北京料理は昔、北京の中国貴族が食べてきた繊細な宮廷料理をもとにしたものと言われています。

昔の皇帝などが食べた食事が再現されていることが多いので、量は少しずつ、そして種類がたくさんあるといった、少し日本に似た感じの料理の盛り付け方です。

広東料理

あっさりした味が多い広東省の料理の中で、辛く酸っぱい家庭料理も存在します。

また、日本でも有名な飲茶は広東料理からきています。広東は海沿いの地域も含まれているため、魚介類がとても豊富で、高級料理のフカヒレや燕の巣を使っ

上海蟹（しゃんはいがに）⑤「名」大閘蟹

小ぶり（こぶり）⓪「名・形動」小型

味噌（みそ）①「名」黄酱，豆酱，味噌（文中指蟹黄）

詰まる（つまる）②「自五」塞満

周辺（しゅうへん）⓪「名」周边，四周

色とりどり（いろとりどり）④「名・形動」颜色丰富多彩的样子

貴族（きぞく）①「名」貴族

繊細（せんさい）⓪「名・形動」纤细，细腻，微妙

宮廷（きゅうてい）⓪「名」宮廷

皇帝（こうてい）⓪「名」皇帝

再現（さいげん）⓪③「名・自他サ」再现，重新出现

盛り付け（もりつけ）⓪「名」把食物放在盘中

あっさり③「副・自サ」（口味）清淡

酸っぱい（すっぱい）③「形」酸

存在（そんざい）⓪「自サ」存在，有

飲茶（やむちゃ）⓪②「名」饮茶（文中指日本的一种中华料理，广式早茶）

海沿い（うみぞい）⓪「名」沿海

フカヒレ②「名」鱼翅

燕の巣（つばめのす）⑤「名」燕窝

た料理も堪能できますし、貝柱、牡蠣等が、リーズナブルな値段でとても美味しく食べることができます。

四川料理

四川料理は、中国の西のほうにある料理で、四川などの地方の料理を指すことがあります。この地方の料理は唐辛子、山椒などの香辛料をたっぷり使った、とにかく辛い料理が多いのが特徴です。

「マーラー」と地元の方が言っている辛さを表す言葉がありますが、「マー」の辛さは、食べた後に舌や唇がぴりぴりする辛さであり、「ラー」はトウガラシなどの辛さを表しています。

中国大陸の内陸部に位置する四川地方は、古くから「天府の国」と呼ばれるほど、物質や食材に恵まれている地方です。しかし、この土地は四方を山に囲まれた盆地となっていますから、夏は特に暑い酷暑となります。

暑い夏に体の中の毒素を出しきってしまうという考えと、冬の寒さで毛穴が詰まっている部分を広げるため、辛いものを食べて汗を出すといった健康方法が料理の中に生きています。

堪能（たんのう）⓪「名・サ変」心満意足，十分満足，享受

貝柱（かいばしら）③「名」干贝

牡蠣（かき）①「名」牡蛎

リーズナブル①「形動」合理的

唐辛子（とうがらし）③「名」辣椒（也可写作トウガラシ）

山椒（さんしょう）⓪「名」花椒

香辛料（こうしんりょう）③「名」（姜、胡椒等）香辣调味料

唇（くちびる）⓪「名」嘴唇

ぴりぴり①「副・自サ」火辣辣

中国大陸（ちゅうごくたいりく）⑤「名」中国大陆

天府の国（てんぷのくに）①＋⓪「名」天府之国

物質（ぶっしつ）⓪「名」物质

恵まれる（めぐまれる）⑤⓪「自一」被赋予，富有

盆地（ぼんち）⓪「名」盆地

酷暑（こくしょ）①「名」炎热的盛夏

毒素（どくそ）①「名」毒素

毛穴（けあな）⓪「名」毛孔

本文 2 🎧　日本の和食

　和食は各地の風土に合わせて生み出され、古くから親しまれている日本の食文化です。四季のある日本では、旬の食材を用いて食品本来の味わいを大切にしている季節感のある和食が数多くあります。和食は 2013 年に、「日本人の伝統的食文化」としてユネスコ無形文化遺産に登録されました。それにより、海外での人気がさらに高まっています。

　和食は、「ごはん」「汁物」「おかず」「漬け物」の組み合わせが基本形です。「ごはん」を中心に、「汁物」と「おかず」の何品かが加わります。たとえば、ごはんにみそ汁、またはすまし汁などの汁物が 1 品付くことを「一汁」と言います。そして大きなおかず（たいてい肉や魚が使われ、これを主菜といいます）に加え、和え物やお浸しなどの小さなおかず（副菜）が 1 ～ 2 品付くことを「二菜」、「三菜」などと言います。これらを合わせたものを「献立」と言い、平安時代の終わりごろから現在に至るまで長く引き継がれてきました。

　具がたくさん入ったみそ汁や炊き込みごはんはおかずの役目も果たすので、おかずの数を気にするより、

生み出す（うみだす）③
「他五」产生出，创造出
親しむ（したしむ）③
「自五」爱好，喜好
旬（しゅん）①⓪「名」
応季，旺季
ユネスコ②「名」联合国
教科文组织
無形文化遺産（むけいぶ
んかいさん）⑦「名」
非物质文化遗产
汁物（しるもの）⓪③②
「名」汤菜类
おかず⓪「名」菜，菜肴
漬け物（つけもの）⓪
「名」咸菜，酱菜
すまし汁（すましじる）
④「名」清汤，高汤
一汁（いちじゅう）⓪
「名」一汤
主菜（しゅさい）⓪「名」
主菜
和え物（あえもの）⓪②
③「名」凉拌菜
お浸し（おひたし）③
「名」烫拌青菜
副菜（ふくさい）⓪
「名」副菜，配主食吃
的少量蔬菜，腌菜
至る（いたる）②「自
五」至，到
引き継ぐ（ひきつぐ）③
「他五」継承
炊き込みごはん（たき
こみごはん）⑤「名」
菜饭
役目（やくめ）③「名」
职责；作用

主菜を魚や肉類を中心にしたものにするとよいです。副菜にいろいろな野菜類を組み合わせるなど、身近にある季節の野菜や海産物、肉などのいろいろな食材を取り入れることを心がけると自然に栄養バランスのよい食事になります。

　和食には、昔からある料理のほかに、海外から伝わった料理を時間をかけて独自のものに変化させた料理があります。カレーライスやカレーうどん、ラーメン、コロッケ、オムライス、とんかつ、あんパンなどは、海外の食材や料理を日本の食習慣に合うように工夫して作られた和食です。醤油で味付けされている肉じゃがやすき焼きも、海外から来た食材を和食に変化させた料理です。

　春、夏、秋、冬とはっきりとした四季があり、和食にはその季節ごとにしか味わえないさまざまな食材が取り入れられてきました。そのような食材を「旬」と言います。

　また、南北に細長く、海や山に囲まれた地形から、地域ごとに風土が異なり、各地にその土地ならではの伝統的食材や伝統料理が生まれました。それを「郷土食」または「郷土料理」と言います。

組み合わせる（くみあわせる）⑤「他一」搭在一起；配合，编组
栄養バランス（えいようバランス）⑤「名」营养均衡
コロッケ①②「名」炸牛肉薯饼
オムライス③「名」蛋包饭
とんかつ⓪「名」炸猪排

肉じゃが（にくじゃが）⓪「名」日式土豆炖牛肉

取り入れる（とりいれる）④⓪「他一」收进，拿进；采用
南北（なんぼく）①「名」南北
囲む（かこむ）⓪「他五」包围
異なる（ことなる）③「自五」不同
郷土食（きょうどしょく）③「名」地方菜，家乡菜

解　説

1 中華料理とは、中国において、多種多様な食材で、その土地にあった料理方法で作り上げる料理を指しています。／中国料理是指在中国用各种各样的食材，用当地的烹调方法制作而成的料理。

文法：〜において

接続：名詞＋において

意味：表示时间、地点或状况。"在……"；"在……方面"。

例文：① 2022 年の冬季オリンピックは北京において行われた。/2022 年的冬奥会是在北京举行的。

② 科学技術の発展において、革新は重要である。/ 在科技发展方面，创新是很重要的。

③ 21 世紀において、経済が著しく発展しつつある。/21 世纪，经济在显著发展。

2 それもそのはず、もともと、北京料理は昔、北京の中国貴族が食べてきた繊細な宮廷料理をもとにしたものと言われています。／这可是有根据的，据说北京料理来自古代北京的中国贵族享用的精致的宫廷料理。

文法：〜をもとに

接続：名詞＋をもとに

意味："以……为基础""以……为依据""根据……"。

例文：① 仮名は漢字をもとにして作られた。/ 假名是以汉字为基础创造出来的。

② 調査結果をもとにしてレポートを書く。/ 根据调查结果写报告。

③『三国誌』は史実をもとにした本である。/《三国志》是一本以史实为素材创作的书。

3 暑い夏に体の中の毒素を出しきってしまうという考えと、冬の寒さで毛穴が詰まっている部分を広げるため、辛いものを食べて汗を出すといった健康方法が料理の中に生きています。／出于人体在炎热的夏天排毒的考虑，以及为了打开在寒冷的冬天堵塞的毛孔，在料理中产生了通过吃辛辣食物排汗等健

康养生法。

文法：～といった

接続：名詞＋といった＋名詞

意味："……之类的……""……这样的……""……等的……"。

例文：① 北京や上海といった大都市に住みたい。／想居住在北京、上海这样的大城市。

② 寿司とか刺身といった日本料理は食べられる。／能吃寿司、生鱼片之类的日本料理。

③ 牡丹や梅といった花が好きだ。／喜欢牡丹、梅等花。

---

4 また、南北に細長く、海や山に囲まれた地形から、地域ごとに風土が異なり、各地にその土地ならではの伝統的食材や伝統料理が生まれました。／此外，日本南北狭长，被大海和山脉包围，各地区风土不同，由此孕育出了当地特有的传统食材和传统料理。

文法：～ならではの

接続：名詞＋ならではの＋名詞

意味："只有……才有的……""除……以外没有的……"。

例文：① これが両親ならではの気遣いだ。／这是只有父母才有的牵挂。

② さすがに一流ホテルならではのサービスだ。／不愧是只有一流饭店才有的服务。

③ 京劇は中国ならではの伝統音楽である。／京剧是中国独有的传统音乐。

練習問題

問題Ⅰ 次の質問に答えてください。

1. 中華料理とは何ですか。

2. 上海料理はどんな特徴がありますか。

3. 宮廷料理を元にしたのはどんな料理ですか。どんな特徴がありますか。

4. 広東料理の味はどうなっていますか。

5. 「天府の国」は何の意味ですか。日本語で説明してみてください。

6. あなたはどんな中華料理が好きですか。いくつかの好きな中華料理の名前を言ってみてください。

7. 日本の和食はいつから海外でさらに人気が高まってきましたか。

8. 日本の和食の組み合わせはどうなっていますか。

9. 日本の地形はどうなっていますか。

10.「郷土料理」は何の意味ですか。簡単に説明してください。

問題Ⅱ 読解

（一）次のお知らせを読んで、問題に答えてください。答えはA・B・C・Dの中から一番いいものを1つ選んでください。（J.TEST D−E 級第 148 回）

　　私が住んでいるみどり市には、立派な（*1）城があります。70 年くらい前に建てられたものです。古くなって危険なので、今は中に入ることができません。今、この城を建て直す計画がすすんでいますが、反対する市民はあまりいません。実はみんな生活するのに一生懸命で、あまり城に興味がないのです。保育園を増やしたり、地震に強い町づくりをしたり、他にやってほしいことがたくさんあるからです。

　　父からこんな話を聞いたことがあります。今から 300 年くらい前、東京で大きな火事があり、城がなくなってしまいました。そのときの政治家は、城を建て直すより人々を助けるほうが大切だと考えたそうです。ですから東京には今、城がありません。周りの門や（*2）塀は残っていますが、真ん中に大きな城はないのです。昔の人が作った建物を守ることも大切だったと思いますが、そのための力やお金を、東京に住む人々のために使ったと知って、なんて立派な考えなんだと思いました。

　　わたしはこの話のように、市長にもっと市民のことを考えてほしいと思っています。

（*1）城…昔、偉い人が作ったつよくて大きな建物

（*2）塀…家などの周りに作った壁

1. 下線部「立派な考え」とは、どんな考えですか。

　A. 門や塀を残したことです。

　B. 城を作り直さなかったことです。

　C. 地震に強い町を作ったことです。

　D. 火事の時、城を守る塀を作ったことです。

2. 文章の内容と合っているのは、どれですか。

    A. 東京には、立派な城があります。

    B. 私（＝筆者）の考えは、市長と同じです。

    C. みどり市の城は今、見学できません。

    D. みどり市の市民は、新しい城を作るためにがんばっています。

（二）次の文章を読んで問題に答えてください。答えはA・B・C・Dの中から一番
　　　いいものを1つ選んでください。（J.TEST D−E級第153回）

　　　　4人に「好きな乗りもの」を聞きました。

Aさん	Bさん
私は、飛行機が好きです。飛行機は、乗っている時間が長いときも、えいがを見たり、ゲームができて、楽しいです。車もよく乗りますが、運転しているとあまり景色が見られないし、疲れるので好きじゃありません。	私は、自転車が一番好きです。自転車は、車のように値段が高くないし、ガソリン代もかからないからです。それに、天気がいい日に自転車で走っていると、風がとてもきもちいいです。
Cさん	Dさん
私は、車が一番好きです。絶対に車が一番いい乗り物だと思います。車があれば、いつでも好きなところへ行けると思います。まだあまりうんてんしたことがありませんが、来月車を買ったら、いろいろなところへ行きたいです。	私は、電車です。私は、車が運転できないので、出かけるときは、たいてい電車で行きます。電車なら、時刻表を見れば着く時間がわかるし、帰りのしんぱいをしないでおさけが飲めるので、あんしんです。

1. よく車をうんてんするのは、だれですか。

    A. Aさんです。　　　　　　　　　B. Bさんです。

    C. Cさんです。　　　　　　　　　D. Dさんです。

2. 文章の内容と合っているのは、どれですか。

    A. Aさんは、飛行機より車のほうが好きです。

B. Bさんは、自転車はきもちがいい乗り物だと思っています。

C. Cさんは、車はあんぜんな乗り物だと思っています。

D. Dさんは、電車は安くて、楽しいと思っています。

問題Ⅲ 次の文を中国語に訳してください。

1. カニやアワビ、エビなど新鮮な食材で作り上げる上海料理は、日本の味付け
   とまた違ったおいしさです。

2. 昔の皇帝などが食べた食事が再現されていることが多いので、量は少しずつ、
   そして種類がたくさんあるといった、少し日本に似た感じの料理の盛り付け
   方です。

3. 中国大陸の内陸部に位置する四川地方は、古くから「天府の国」と呼ばれる
   ほど、物質や食材に恵まれている地方です。

4. 四季のある日本では、旬の食材を用いて食品本来の味わいを大切にしている
   季節感のある和食が数多くあります。

5. 和食には、昔からある料理のほかに、海外から伝わった料理を時間をかけて
   独自のものに変化させた料理があります。

問題Ⅳ 最近見たニュースを下の欄に書いて、皆に紹介してください。

第4課　伝統服装

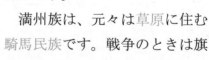

本文1 🎧　チャイナドレスと漢服

チャイナドレス

中国の伝統服装というと、真っ先に思い浮かべるのは、女性が着るチャイナドレスでしょう。

体のラインにピタッとしたチャイナドレスは、とてもきれいで人の目を釘付けにさせます。

このチャイナドレスは、中国語で「旗袍」（チーパオ）と言い、「旗の服」という意味があります。

一体なぜ、「旗」が出てくるのでしょうか。その理由を知るには、歴史的背景を紐解く必要があります。

実はこれ、漢民族ではなく、満州族の民族衣装だったんです。

満州族は、元々は草原に住む騎馬民族です。戦争のときは旗を掲げて馬を駆っていました。

中国最後の王朝である「清」は、現在の東北地方に住む「満州族」によって建国されました。

軍人は「旗人」と呼ばれ、八つの組織「八旗」によって、軍事や政治が行われていました。そして、彼らの着ている服は、「旗人の着る服」という意味で

チャイナドレス④「名」	旗袍
漢服（かんふく）⓪「名」	汉服
伝統服装（でんとうふくそう）⓪「名」	传统服装
思い浮かべる（おもいうかべる）⓪⑥「他一」	想起，记起
ピタッ（＝ぴたり）⓪「副」	合身，恰好
釘付け（くぎづけ）⓪「名」	钉住
背景（はいけい）⓪「名」	背景
紐解く（ひもとく）③「自五」	查明，追溯根源
満州族（まんしゅうぞく）③「名」	满族
草原（そうげん）⓪「名」	草原
騎馬民族（きばみんぞく）③「名」	骑马民族
掲げる（かかげる）④⓪③「他一」	高举，悬挂
駆る（かる）⓪①②「他五」	驱，策
王朝（おうちょう）⓪「名」	王朝，朝代
清（しん）①「名」	清朝
建国（けんこく）⓪「名・自他サ」	建国，开国
旗人（きじん）①「名」	旗人
組織（そしき）①「名」	组织；体系

「旗袍」と呼ばれていました。

　騎馬民族なので女性も馬に乗って移動します。そのとき脚を横に出して、前からの風を防ぐためにスリットが付けられました。チャイナドレスの大きな特徴であるスリットは、これが由来です。

　そのうち漢民族も旗袍を着るようになり、結婚用の衣装として流行しました。

　辛亥革命で清朝が倒れ民国になると、民族意識が高まり、改良したデザインが 1920 年代半ばに登場しました。これが現在の一般的なチャイナドレスの源流と考えられています。

　現在では、パーティードレスとして着用されることが多くなっています。

　チャイナドレスは「満州族の民族衣装」というより、中華民族の代表的な服装と言えるでしょう。

漢服

　漢服は全体的にゆったりとしたつくりで、優雅な印象のある衣装です。男女ともに襟があり、ワンピース

脚（あし）②「名」腿，脚
スリット②「名」开衩

由来（ゆらい）⓪「名」
　来历，由来

辛亥革命（しんがいかくめい）⑤「名」辛亥革命
登場（とうじょう）⓪
　「自サ」出现；登场
源流（げんりゅう）⓪
　「名」起源，开始
着用（ちゃくよう）⓪
　「他サ」穿；戴

ゆったり③「副・自サ」
　宽松；舒适
優雅（ゆうが）①「形
　動」优雅
襟（えり）②「名」衣服
　领子

のように上下がつながった前開きの衣に帯を締めたスタイルが特徴です。袖は太く、裾は地面につくほど長く、下には裙子（くんし、「スカート」の意味）や袴（ズボン）を履き、足を隠します。

上下が一体となったタイプのほかに、上下が別々の「上衣下裳（裳はスカート）」と呼ばれるより格式の高いスタイルも存在し、こちらは官人や皇帝が公式の場で着用しました。

漢服は時代によって何枚も重ね着したり、動きやすいように軽装化したりと、変化を繰り返してきた衣服でもあります。

近年、中国の若い世代の間で漢服ブームが起こり、再び漢服を着る人の姿を見かけるようになりました。漢服が若者に広まった要因の一つはSNSで、多くの若者がSNSの写真や動画を通じて漢服の魅力に気づき、自らも漢服を着る人が出てきています。

若者の漢服の着こなしはさまざまで、現代的なデザインを取り入れた漢服を着る人もいれば、漢服にスニーカーやリュックを合わせる人もいます。公園や観光地では、漢服を着て記念撮影をする人もいて、中には普段着として漢服を着用する若者もいるようです。

衣（ころも）⓪「名」衣服；袍；外衣
帯（おび）①「名」腰帯；帯子
袖（そで）⓪「名」袖子，衣袖
裾（すそ）⓪「名」衣服下摆
袴（はかま）③「名」（文中指汉服的）裤子
格式（かくしき）⓪「名」礼节，礼法；规格，格式
官人（かんにん）⓪「名」官吏，役人
公式（こうしき）⓪「名」正式，官方
重ね着（かさねぎ）⓪③「名・自他サ」重叠着穿
軽装化（けいそうか）⓪「名・サ変」轻装化
繰り返す（くりかえす）③⓪「他五」反复；重复
ブーム①「名」热潮，潮流，流行；突然繁荣
再び（ふたたび）⓪「副」再，又
SNS（Social Networking Services）「名」社交网络服务
動画（どうが）⓪「名」视频
着こなし（きこなし）⓪「名」（衣服的）穿法
スニーカー②「名」轻便运动鞋
リュック①「名」帆布背包
記念撮影（きねんさつえい）④「名」纪念留影
普段着（ふだんぎ）②「名」便装，平常穿的衣服

本文 2 🎧

日本の着物

　現代の日本では、着物を着る機会は、成人式・披露宴・花火大会など、非常に数が限られているかもしれません。また、着物を着るときは緊張感があり、不思議と背筋が伸びるという方もいらっしゃいます。海外からの観光客向けの着物レンタル店は大盛況のようで、外国の方にとっても着物は魅力的に映っていること間違いありません。

　着物は日本の民族衣装です。海と山に囲まれた豊かな自然と四季の変化の中で、日本に住む日本人の祖先は独自の美意識を育て、着物にその美意識を表現してきました。着物の中には、日本の繊細な四季の変化に合わせた素材・絵柄もあります。まさに着物ならではの贅沢と言えます。

　着物は日本が誇る職人技の結晶です。着物や帯には、日本の職人技が生かされています。西陣織・京友禅・加賀友禅・大島紬・黄八丈など、各地で伝統工芸品として技術が継承されてきました。

披露宴（ひろうえん）②
　「名」宴会，婚宴
背筋が伸びる（せすじが
　のびる）「慣」挺直腰板
レンタル①「名」出租，租赁
大盛況（だいせいきょ
　う）③「名」盛况空前
映る（うつる）②「自
　五」看，觉得
四季（しき）②①「名」
　四季
祖先（そせん）①「名」
　祖先
美意識（びいしき）②
　「名」审美意识，审美感
素材（そざい）⓪「名」
　素材；原材料
絵柄（えがら）⓪「名」
　图案，花样
贅沢（ぜいたく）③④
　「名・形動」奢侈，奢
　华；浪费，铺张
職人技（しょくにんぎ）
　⓪「名」传统工艺
結晶（けっしょう）⓪
　「名」结晶
西陣織（にしじんおり）⓪
　「名」西阵织，京都西阵
　地区织造的高级纺织品
京友禅（きょうゆうぜ
　ん）②「名」京友禅，
　和服上的传统工艺（缤
　纷色彩，简化曲线，描
　绘动植物）
加賀友禅（かがゆうぜ
　ん）③「名」加贺（日
　本地名）友禅，一种印
　染方法
大島紬（おおしまつむ
　ぎ）⑤「名」大岛绸
黄八丈「きはちじょう」
　②③「名」黄八丈，一
　种丝绸制品

長い歴史の中で変化しながら受け継がれてきた着物は、日本が誇れる伝統文化のひとつです。日本人ならではの内面の強さやしなやかさ・奥ゆかしさを引き立ててくれるのは、まさに着物ならではです。普段の生活の中で着る機会は少なくても、大切な場面では現在も着物の出番はあります。七五三に成人式、お宮参りなどの行事・儀式、茶道・華道・日本舞踊などのお稽古ごと、剣道・弓道など日本古来の武道にも着物は欠かせないものです。歌舞伎や能の鑑賞に着物で出かければ、気分が上がりますし、周囲から注目されることあるでしょう。また、しっかりと管理とお手入れをすれば、祖母から母、母から娘へと、何代にも渡って受け継いでいくことができるのも着物のすばらしさです。

普段何気なく使っている表現や、小説やドラマのセリフの中に、着物由来のものがあることに気付かれていますか。「襟を正す」「袂を分かつ」「辻褄が合う」「折目正しい」など。それほどまでに、着物は日本人の生活に深く根をおろしているのです。

語
受け継ぐ（うけつぐ）③ ⓪「他五」継承
しなやか②「形動」柔軟，软和
奥ゆかしい（おくゆかしい）⓪⑤「形」雅致的
引き立てる（ひきたてる）④「他一」衬托
出番（でばん）⓪② 「名」出场的次序；一显身手的场面
稽古（けいこ）①「名」练习
弓道（きゅうどう）①「名」射术
何気ない（なにげない）④「形」无意
セリフ⓪「名」台词
襟を正す（えりをただす）「慣」正襟危坐
正す（ただす）②「他五」整理
袂（たもと）③「名」（和服）的袖子
袂を分かつ（たもとをわかつ）「慣」分别行动；断绝关系
辻褄（つじつま）⓪「名」条理，道理
辻褄が合う（つじつまがあう）「慣」有条有理，合乎情理
折目正しい（おりめただしい）⑥「形」端正，规矩

解　説

1 一体なぜ、「旗」が出てくるのでしょうか。その理由を知るには、歴史的背景を紐解く必要があります。/ 到底为什么会有"旗"这个字呢？要了解其原因，需要追溯其历史背景。

文法：〜には

接続：動詞辞書形＋には

意味：表示目的。"要……（的话，就需要……）"。

例文：① 高速鉄道に乗るには、身分証明書が要る。/ 乘坐高铁需要身份证。

② その川を渡るには、船が必要である。/ 要过那条河，需要一条船。

③ 海外旅行に行くには、いろいろ調べる必要がある。/ 要去海外旅行，需要查阅一些资料。

---

2 そのうち漢民族も旗袍を着るようになり、結婚用の衣装として流行しました。/ 后来汉族人也开始穿旗袍，旗袍作为结婚服装流行起来。

文法：〜として

接続：体言＋として

意味：表示身份、资格、立场等。"作为……"。

例文：① 留学生として日本に行く。/ 作为留学生去日本。

② 母親として意見を出す。/ 作为母亲提出建议。

③ スマホはよくカメラとして使われている。/ 智能手机经常被作为相机使用。

---

3 チャイナドレスは「満州族の民族衣装」というより、中華民族の代表的な服装と言えるでしょう。/ 与其说旗袍是"满族的民族服装"，不如说它是中华民族的代表性的服装吧。

文法：〜というより

接続：文の普通形＋というより

　　　形容動詞語幹 / 名詞＋というより

意味：表示相对于前者来说，后者的说法可能更为恰当。"与其说……不如说……"。

例文：① 彼は努力している。天才というより、努力家である。/ 他一直在努力。与其说是天才不如说是勤奋之人。

② 彼女は賢いというよりずるい。/ 与其说她聪慧不如说是狡诈。

③ 王先生は親切で、先生というより友人である。/ 王老师和蔼可亲，与其说是老师不如说是朋友。

4 海外からの観光客向けの着物レンタル店は大盛況のようで、外国の方にとっても着物は魅力的に映っていること間違いありません。/面向海外游客的和服租赁店生意兴隆，毫无疑问，和服对外国人而言也是很有吸引力的。

文法: 〜にとって

接続: 名詞＋にとって

意味: "从……立场来看""对……而言"。

例文: ① 学生にとって、勉強は大切なことである。/对学生而言，学习是很重要的事情。

② その写真は私にとって、良い思い出になった。/那张照片对我而言已成了美好的回忆。

③ 多くの人にとって、健康は何よりだ。/对很多人而言，健康最重要。

練習問題

問題 I 次の質問に答えてください。

1. チャイナドレスはどうして「旗袍」と呼ばれていましたか。
2. 現在の一般的なチャイナドレスの源流は何ですか。
3. 今、チャイナドレスはどんな時に着ますか。
4. 漢服はどんな衣装ですか。その特徴は何ですか。
5. 漢服の「上衣下裳」は何の意味ですか。
6. 漢服は時代によってどう変わってきましたか。
7. 日本の民族衣装は何ですか。
8. 着物は四季の変化とどんな関係がありますか。
9. 普段の生活の中で、どんな場面で着物を着ますか。
10.「襟を正す」「袂を分かつ」「辻褄が合う」「折目正しい」という言葉は何の意味ですか。

問題Ⅱ 読解

（一）次のメールを読んで、問題に答えてください。答えはＡ・Ｂ・Ｃ・Ｄの中から
一番いいものを１つ選んでください。（ J.TEST D−E 級第 150 回 ）

＜ジョンさんから岡本さんへ送ったメール＞

> 岡本さん
> お疲れ様です。
> 新商品についての会議を来週中に行うと思っています。
> 予定を作りますので、岡本さんが参加できる日を教えてもらえますか。
> 時間は 13 時 30 分から 15 時の予定です。
> ジョン

＜岡本さんからジョンさんへ送ったメール＞

> お疲れ様です。
> 来週でしたら、火曜日と木曜日なら大丈夫です。
> 水曜日も参加できますが、13 時まで他の予定が入って
> いますので、少し遅れます。
> よろしくお願いします。
> 岡本

> 岡本さん
> わかりました。
> 他の方の予定を聞いてから、またご連絡します。
> ジョン

1. 岡本さんについて、メールの内容と合っているのは、どれですか。

　　A. 来週は、火曜日と木曜日しか会議に参加できません。

　　B. 来週の水曜日は、途中から会議に参加できます。

　　C. 他の人の予定を聞いて、会議の日を考えています。

　　D. 予定が決まったら、ジョンさんにまた連絡するつもりです。

2. 会議はいつ行われることになりましたか。

　　A. 来週の火曜日、13 時 30 分から 15 時までです。

　　B. 来週の水曜日、14 時から 15 時 30 分までです。

C. 来週の木曜日、13 時 30 分から 15 時までです。

D. まだ決まっていません。

（二）次のチラシを読んで、問題に答えてください。答えは A・B・C・D の中から
一番いいものを 1 つ選んでください。（J.TEST D－E 级第 151 回）

夏のパンフェスティバル！
応募者全員にマグカッププレゼント！

点数シール 30 点分で、必ず 1 つ差し上げます！
キャンペーン期間 8/8（土）〜 10/30（金）
プレゼント交換期間 8/15（土）〜 11/10（火）

① キャンペーン中に対象の商品を買い、ついているシールをはがして、専
用のはがきに貼ってください。はがきは店内、レジの近くにございます。
ご自由にお取りください。

② 30 点分のシールを貼ったはがきを、下記の住所へお送りください。
期間内に送っていただいた方全員に、プレゼントをお送りいたします。
〒 111-XXXX
東京都みどり区 1-1-XXX

＊はがきには、プレゼントのお届け先を必ず（ A ）してください。
＊今年のシールのみ、ご利用いただけます。

1.（ A ）に入る言葉は、何ですか。

　A. 保存　　　　　B. 修正　　　　　C. 記録　　　　　D. 記入

2. チラシの内容と合っているのは、どれですか。

　A. 8 月 10 日に店に行くと、シールがもらえます。

　B. シールをあつめるには、商品を買わなければなりません。

　C. 30 点分のシールを店に持って行くと、その場でプレゼントがもらえます。

　D. 去年のシールが混ざっていてもいいです。

問題Ⅲ　次の文を中国語に訳してください。

1. 辛亥革命で清朝が倒れ民国になると、民族意識が高まり、改良したデザインが 1920 年代半ばに登場しました。これが現在の一般的なチャイナドレスの源流と考えられています。

2. 上下が　体となったタイプのほかに、上下が別々の「上衣下裳（裳はスカート）」と呼ばれるより格式の高いスタイルも存在し、こちらは官人や皇帝が公式の場で着用しました。

3. 漢服が若者に広まった要因の一つは SNS で、多くの若者が SNS の写真や動画を通じて漢服の魅力に気づき、自らも漢服を着る人が出てきています。

4. 着物や帯には、日本の職人技が生かされています。西陣織・京友禅・加賀友禅・大島紬・黄八丈など、各地で伝統工芸品として技術が継承されてきました。

5. また、しっかりと管理とお手入れをすれば、祖母から母、母から娘へと、何代にも渡って受け継いでいくことができるのも着物のすばらしさです。

問題Ⅳ　最近見たニュースを下の欄に書いて、皆に紹介してください。

第5課 交 通

本文1 中国の交通

　中国は歴史上、各地に道路・水路を整備するだけでなく、秦の始皇帝による古代道路、隋代の大運河、漢代のシルクロード、明代の鄭和による南海遠征など、世界の歴史上も有名な交通の整備・確保を行なってきた。馬とお茶を主に交換したので名付けられた伝統的な茶馬古道（雲南省—西蔵自治区）も、今では国道・高速道路・鉄道に取って代わられている。

鉄道

　陸路を利用した陸運としては、鉄道、道路、市内の各種運輸手段があるが、鉄道網が特に発達している。

　中国の鉄道は国務院の鉄道部の管轄下で運営されて

水路（すいろ）⓪「名」
　水路，航路
整備（せいび）①
　「名・他サ」配备，备
　齐，修建
シルクロード④「名」
　丝绸之路
名付ける（なづける）③
　「他一」命名，起名
茶馬古道（ちゃばこど
　う）③「名」茶马古道
取って代わる（とって
　かわる）①「自五」代
　替，取代
陸運（りくうん）⓪
　「名」陆路运输
運輸（うんゆ）①「名」
　运输，运送
管轄（かんかつ）⓪
　「名・他サ」管辖，管
　辖范围

おり、主に長距離輸送手段として利用されている。

高速鉄道

国の高速鉄道の建設は、1999 年の秦皇島―瀋陽間の建設から始まった。現在、中国の高速鉄道網は世界最大となっている。中国の高速鉄道網計画は壮大なプロジェクトである。2030 年までに全体の高速鉄道網が4.5 万キロに達すると予想されている。

近郊電車

中国の鉄道はこれまで電気機関車を使った長距離輸送が中心であったが、近年、「動車組」（トンチャーズー、中国語：動車組＝日本語：マルチプルユニット列車）は上海から近郊の南京・蘇州方面や杭州方面などへ編成されるようになり、徐々に近郊電車として大都市への通勤に活躍するようになってきた。

地下鉄

また近年、多くの都市で都市内公共交通手段として地下鉄が整備されている。

地下鉄はこれまで北京、広州、上海など約 20 の大都市で運行されている。21 世紀に入り、武漢、瀋陽など各省の省都を中心に建設が始まり、地上の「軽軌」（＝軽量軌道車鉄道、ライトレール）も含めて、大衆輸送手段としてのラピッド・トランジット（Rapid transit、城市軌道交通系統）として総合的に運営されている。

橋とトンネル

道路や鉄道用、あるいは併用の河川を渡る橋が多数建設されている。黄河には明代に蘭州に「黄河第一橋」（浮き橋）が架けられている。長江には、中華人民共和国になって、武漢長江大橋と南京長江大橋が道路・鉄道併用橋として建設され、21 世紀に入ってからは杭州湾海上大橋が建設された。また、高速道路や高速鉄道用の多くの橋が建設されている。

秦皇島（しんこうとう）
③「名」秦皇岛
瀋陽（しんよう）①
「名」沈阳

電気機関車（でんききかんしゃ）⑤「名」电力机车

武漢（ぶかん）①「名」武汉市
省都（しょうと）①
「名」省会，省城
ライトレール④「名」轻轨，轻轨列车
大衆（たいしゅう）⓪
「名」群众
軌道（きどう）⓪「名」轨道；路线
トンネル⓪「名」隧道
併用（へいよう）⓪
「名・他サ」并用
黄河（こうが）①「名」黄河
浮き橋（うきはし）⓪
「名」浮桥
長江（ちょうこう）①
「名」长江
高速道路（こうそくどうろ）⑤「名」高速公路

トンネルは山岳を貫くものは多いが、河川を渡るトンネルは少なく、現在武漢、成都など大河川上の大都市で、地下鉄用トンネルの建設が進んでいる。

山岳（さんがく）⓪
「名」山岳
貫く（つらぬく）③「他
五」貫通，穿过；贯彻
始终

本文 2 🎧

日本の交通

鉄道

日本の鉄道には、JR 線、私鉄線、地下鉄線と、大きく分けて 3 種類がある。それぞれに特徴があって、うまく使いこなせればとても便利なものだ。特に都心部や都市間を移動する時には、時間に正確な電車が重宝する。実際、日本の都心部に住んでいる人達の多くは、目的地に時間通りに着きたいような場合、車よりも電車をよく利用する。というのも、東京などの大きな都市の中心部を車で移動すると、時として深刻な渋滞に巻き込まれて、予定していた時間より到着が大幅に遅れてしまうような事が、よくあるからだ。

鉄道（てつどう）⓪「名」
铁路
私鉄（してつ）⓪「名」
私营铁路，民营铁路
地下鉄（ちかてつ）⓪
「名」地铁
都心部（としんぶ）②
「名」市中心地区
重宝（ちょうほう）⓪①
「名・自他サ」宝贝；
便利；珍视
渋滞（じゅうたい）⓪
「名・自サ」堵车；进
展不顺利
巻き込む（まきこむ）③
「他五」卷入；牵连

JR 線

　各地方の鉄道会社（JR 北海道、JR 東日本、JR 東海、JR 西日本、JR 四国、JR 九州）によって構成される JR グループ（旧国鉄が 1987 年に分割・民営化されてから、JR に名称を変更）が運営している鉄道だ。主要四島を含む日本全国を網羅していて、ほとんどの場所へ行くことができる。世界では「ブレット・トレイン（弾丸列車）」として知られ、日本一の速さを誇る新幹線も JR が運行している。

　長所は、移動時間が速く広範囲を網羅しているため、都市間の長距離の移動に向いている点や、外国人の観光客の方向けに便利なチケットサービス（JR パス）がある点、運賃支払いの他にも様々な機能を搭載した IC プリペイドカードを利用できる点や、それに附随する特典を受ける事ができる点などだ。

　短所は、短距離の移動にはあまり向かないことや他の鉄道に比べて料金が高い点だ。

私鉄線

　民間の鉄道会社によって運営されている鉄道だ。主に東京や大阪のような大きな都市内やその周囲といった、比較的短い距離間で運行している。

　長所は、大都市内やその周辺の短距離および中距離

国鉄（こくてつ）⓪「名」日本国営铁路
網羅（もうら）①「名・他サ」网罗，收罗
弾丸列車（だんがんれっしゃ）⑤「名」快速列車
誇る（ほこる）②「自他」夸耀；先进
チケットサービス⑤「名」票务服务
JR パス（ジェーアールパス）⑥「名」JR 通行证
運賃（うんちん）①「名」运费
支払い（しはらい）⓪「名・他サ」支付，付款
搭載（とうさい）⓪「名・他サ」装（货）；载（人）；装载
プリペイドカード⑥「名」预付卡，充值卡
附随（ふずい）⓪「自サ」附随；随带
特典（とくてん）⓪「名」优惠

の移動に便利な点や、鉄道会社によっては他の一部の交通機関と共通で使えるプリペイドカードがある点など。

短所は、それぞれの線が別々の鉄道会社によって運営されているため、列車の運行システム等が会社によって少しずつ違っていて、ちょっと分かりにくい点である。

地下鉄線

東京や大阪、名古屋のような大都市の中心部や、その周りの地下を走っている鉄道だ。2005 年にいたる、東京、大阪、名古屋、横浜、札幌、神戸、京都、福岡、仙台の 9 都市で、運行されていて、短い距離を移動する時に JR 線や私鉄線を補うものとして使われている。

長所は、都心部で短い距離間を移動するのに便利な点や、比較的料金が安い点、また他の一部の交通機関と共通で使えるプリペイドカードがある点などだ。

短所は、主に都市内のターミナル駅間の短い距離で運行されていて、始発駅から終着駅までの停車駅数が多いため、ターミナル駅からターミナル駅への中距離の移動や、都市外への長距離の移動には向かない点だ。また、東京のような大都市では限られた範囲の中にたくさんの線が走っているため、複数の線が入り組んでいて複雑で、乗り換えの際など時々迷子になってしまう点だ。

交通機関（こうつうきかん）⑤⑥「名」交通工具

システム①「名」系统；组织

ターミナル①「名」（电车、汽车的）终点站
始発駅（しはつえき）④「名」始发站
終着駅（しゅうちゃくえき）⑤「名」终点站
入り組む（いりくむ）③「自五」错综复杂
乗り換え（のりかえ）⓪「名」改乘，换乘
迷子（まいご）①「名」迷路

解　説

1. 中国は歴史上、各地に道路・水路を整備するだけでなく、秦の始皇帝による古代道路、隋代の大運河、漢代のシルクロード、明代の鄭和による南海遠征など、世界の歴史上も有名な交通の整備・確保を行なってきた。/ 中国历史上不仅在各地修建了道路和水路，还修建了世界历史上著名的交通，如秦始皇修建的古代公路、隋朝的大运河、汉代的丝绸之路、明代郑和下西洋等。

文法：　～による

接続：　名詞＋による

意味：　"由……"。表示动作的主体。

例文：　① 大衆による監視は大切だ。/ 群众监督很重要。

　　　　② 学長による祝辞に引き続いて、卒業生代表によるスピーチが行われた。/ 在校长致辞后，毕业生代表发了言。

　　　　③ 毎週ここでは、若者によるパフォーマンスが行われている。/ 每个礼拜这里都会有年轻人的表演。

---

2. 近年、「動車組」は上海から近郊の南京・蘇州方面や杭州方面などへ編成されるようになり、徐々に近郊電車として大都市への通勤に活躍するようになってきた。/ 近年来，从上海到近郊的南京、苏州方向以及杭州方向的"动车组"，逐渐活跃在通往大城市的通勤中。

文法：　～ようになる

接続：　動詞辞書形 / 可能態＋ようになる

意味：　"变得……"；"变得能……"。

例文：　① 夫も家事をするようになりました。/ 丈夫也开始做家务了。

　　　　② 朝散歩するようになりました。/ 早上开始散步了。

　　　　③ 納豆が食べられるようになりました。/ 我变得能吃纳豆了。

---

3. 長所は、移動時間が速く広範囲を網羅しているため、都市間の長距離の移動に向いている点や、外国人の観光客の方向けに便利なチケットサービスがある点、運賃支払いの他にも様々な機能を搭載した IC プリペイドカードを利用できる点や、それに附随する特典を受ける事ができる点などだ。/ 其优点

包括，由于运行时间快、范围广，适合城市间的长途出行；为外国游客提供方便的票务服务；除了可以用于购买车票，还搭载了各种功能的 IC 预付卡；享受附带的优惠福利。

文法：～向けに

接続：名詞＋向けに

意味："面向……"；"为适应……而特别制作的"。

例文：① この町では、お年寄り向けに色々なサービスが展開されている。／这个城市为老年人提供了各种服务。

② これは日本の中国語学習者向けに作られた教科書だ。／这是为日本的汉语学习者制作的教科书。

③ このパンフレットは外国人向けに簡単な中国語で書かれている。／这本小册子是用简单的中文写给外国人看的。

---

④ 短所は、それぞれの線が別々の鉄道会社によって運営されているため、列車の運行システム等が会社によって少しずつ違っていて、ちょっと分かりにくい点である。／缺点是，由于每条线都由不同的铁路公司运营，因此列车运行系统因公司而异，有点难以理解。

文法：～にくい

接続：動詞連用形（ます形）＋にくい

意味："难以……""不容易……"。

例文：① よい事は伝わりにくいが、悪事千里を走る。／好事不出门，坏事传千里。

② やりにくいけど、一生懸命やる。／即使难做，也要努力去做。

③ その意見は私には理解しにくい。／我难以理解那个意见。

練習問題

問題Ⅰ 次の質問に答えてください。

1. 中国には主にどんな交通手段がありますか。
2. 中国古代の有名な交通の整備を紹介してください。

3. 世界最大の高速鉄道網はどこの国のですか。

4. 長江には、中華人民共和国になって、どんな橋が建設されましたか。

5. あなたの故郷の主な交通手段とその特徴を簡単に紹介してください。

6. 日本の鉄道には、主に何種類がありますか。それぞれは何ですか。

7. 日本では、都心部や都市間を移動する時には、どの乗り物を選べばいいですか。

8. 日本ではどの乗り物がプリペイドカードを利用できますか。

9. 日本ではどの乗り物は都市内のターミナル駅間の短い距離で運行されていますか。

10. 日本の地下鉄の長所は何ですか。

問題Ⅱ 読解

（一）次の文章を読んで、問題に答えてください。答えはA・B・C・Dの中から一番いいものを1つ選んでください。（J.TEST D−E 級第 154 回）

「敬語」と言えば、忘れられない経験があります。大学生のとき、私は新聞クラブに入っていました。教授や学生にインタビューをして記事を書いたり、大学のニュースをまとめたりして、毎月新聞を作るのです。

私が初めてインタビューを担当したときのことです。私の担当は、ある教授に話を聞くことでした。私はその教授に、インタビューをしたいとメールを送りました。

（ A ）、すぐに教授からメールがありました。「あなたのメールの日本語は、おかしいです。あなたは大学で、何を勉強しているのですか。敬語の使い方をもっと学んでください。目上の人に、失礼なメールを送らないように」と書かれていました。いい記事を書くために、頑張ってインタビューしようと思っていた私は、びっくりしました。そして悲しくなりました。

「インタビュー？いいですよ、どうぞ」と言ってくれると思っていたのに、教授のメールには、インタビューのことは全く書かれていませんでした。そして結局インタビューは、させてもらえませんでした。

それから私は、日本語や敬語について勉強して、注意して使うようになりました。今は会社員としてはたらいていますが、「チャンさんの日本語はきれいだね」とよく褒められます。あの教授のメールは、厳しかったですが、私に大切なことを教えてくれた、と今では感謝しています。

1. （ A ）に入る言葉はどれですか。
   A. ですから
   B. ところで
   C. あるいは
   D. すると

2. 「私」は、どうして「びっくりしました。そして悲しくなりました」か。
   A. 言葉の使い方が良くないと言われましたから。
   B. 教授が私のことを全然知りませんでした。
   C. 教授が厳しい人だとわかりましたから。
   D. 自分が書いた新聞の内容が失礼だと言われましたから。

（二）次の文章を読んで、問題に答えてください。答えはA・B・C・Dの中から一番いいものを1つ選んでください。（J.TEST D-E級第155回）

　　みなさんは、仕事のとき、メモを取りますか。大切なことを忘れないように、メモを取る場面は多いと思います。最近では、紙に書いたメモよりあとで見やすいし、書くのも速くて便利だという理由で、パソコンや（*）スマホでメモを取る人も多いようです。しかし、これをよく思わない人もいるようなので、注意が必要です。

　　30代の会社員Aさんは、パソコンでメモを取っているとき、上司に「相手に失礼だから、やめなさい」と言われてから、かならず「パソコンでメモを取ってもよろしいですか」と相手に一言確認してからメモを取るようになったと言っていました。確かに、パソコンのがめんが相手に見えないので、相手の話をよく聞いていないように思われてしまうかもしれません。

　　パソコンやスマホなどの便利な道具を使うことで、以前より仕事がしやすくなったと感じる人も多いと思います。しかし一緒に仕事をする相手がそれをどのように感じるかは、わかりません。みんなが相手の気持ちを考えることができれば、気持よく仕事ができそうですね。

（*）スマホ…スマートフォン

1. 「これ」とは、何ですか。
   A. 仕事の時、メモを取ることです。
   B. 紙にメモを書くことです。
   C. パソコンやスマホでメモを取ることです。
   D. 相手に一言確認してからメモを取ることです。

2.　この文章を書いた人の意見に近いのは、どれですか。

　　A.　パソコンやスマホでメモを取るのは、失礼です。

　　B.　パソコンのがめんを相手に見せながらメモを取ったほうがいいです。

　　C.　便利なので、パソコンやスマホでメモを取ったほうがいいです。

　　D.　相手の気持ちを考えることが大切です。

問題Ⅲ　次の文を中国語に訳してください。

1.　中国の鉄道は国務院の鉄道部の管轄下で運営されており、主に長距離輸送手段として利用されている。

2.　中国の高速鉄道網計画は壮大なプロジェクトである。2030 年までに全体の高速鉄道網が 4.5 万キロに達すると予想されている。

3.　トンネルは山岳を貫くものは多いが、河川を渡るトンネルは少なく、現在武漢、成都など大河川上の大都市で、地下鉄用トンネルの建設が進んでいる。

4.　特に都心部や都市間を移動する時には、時間に正確な電車が重宝する。

5.　また、東京のような大都市では限られた範囲の中にたくさんの線が走っているため、複数の線が入り組んでいて複雑で、乗り換えの際など時々迷子になってしまう点だ。

問題Ⅳ　最近見たニュースを下の欄に書いて、皆に紹介してください。

第 6 課　京劇と歌舞伎

本文 1 🎧

京　劇

　　京劇は、中国の伝統的な古典演劇の一つであります。北京を中心に全国に広がる最も影響力のある中国の地方劇です。2010 年にはユネスコの無形文化遺産に登録されました。

　　華やかな衣装に身を包んだ京劇役者たちが、にぎやかな銅鑼やシンバル、太鼓などのリズムに合わせて、軽やかに身をこなし、優雅な中国語のセリフを朗々と響かせたり歌を歌ったり舞ったり激しい立ち回りを演じたりします。

　　京劇の登場人物はキャラクターの演じる役割や性格などから大まかに「生（しょう）・旦（だん）・浄（じん）・丑（ちょう）」の 4 パターンに分けられます。役

単語
京劇（きょうげき）⓪「名」京剧
古典（こてん）⓪「名」古典；古典作品
演劇（えんげき）⓪「名」戏剧
華やか（はなやか）②「形動」华丽，华美
役者（やくしゃ）⓪「名」演员
銅鑼（どら）⓪①「名」锣，铜锣
シンバル①「名」铜钹，钹
太鼓（たいこ）⓪「名」鼓，大鼓
軽やか（かろやか）②「形動」轻松，轻快
朗々（ろうろう）⓪「形動」朗朗，清晰响亮
立ち回り（たちまわり）⓪「名」武打，搏斗
演じる（えんじる）③⓪「他一」演，扮演
大まか（おおまか）⓪「形動」粗略，草率

者は小さい頃から基本的訓練を重ねたのち、自分の条件に合ったひとつの役柄を一生やっていきます。役者のメイク方法や衣装などでその役柄を見分けることもできます。

　京劇の楽器類は主に京胡（ジンフー）、月琴（ユエチン）といった弦楽器、笛子（ディーズ）、鎖吶（スオナー）といった管楽器、打楽器とそのほかの楽器という4種類に分けられます。

　臉譜（れんぷ）とは京劇など中国古典劇の化粧法で、役者の顔に施す隈取りです。隈取りにはふたつの意味があります。まず劇中の人物の身分や性格を表します。赤は忠義、黒は豪放、白は陰険な性格を表します。顔に「豆腐塊（ドウフクアイ）」（顔の中心、鼻と鼻の両脇を白く塗る）があるのは脇役であります。次に、その人物に対する評価を表します。敬意、嫌悪、愉快などの道徳的評価や美的評価を表します。

　京劇は歴史物語を演じることを主としています。現在は主に『三国志演義』『西遊記』『水滸伝』などの歴史物語を描く伝統的な文学作品に基づく演目やその他の新編歴史劇、現代演目などがあります。

役柄（やくがら）⓪④「名」（戯劇）角色的类型
メイク①「名」化妆
見分ける（みわける）④⓪③「他一」识别，辨别
弦楽器（げんがっき）③「名」弦乐器
管楽器（かんがっき）③「名」管乐器
打楽器（だがっき）②「名」打击乐器
施す（ほどこす）③⓪「他五」施加，上（色）
隈取り（くまどり）⓪④③「名」脸谱，勾脸谱（也可写作隈取）
忠義（ちゅうぎ）①「名」忠义
豪放（ごうほう）⓪「名・形動」豪放，豪爽
陰険（いんけん）⓪「形動」阴险
脇役（わきやく）⓪「名」配角
嫌悪（けんお）①「名」厌恶，讨厌
三国志演義（さんごくしえんぎ）⑥「名」三国演义
西遊記（さいゆうき）③「名」西游记
水滸伝（すいこでん）③「名」水浒传
演目（えんもく）⓪「名」演出节目
歴史劇（れきしげき）⓪「名」历史剧

京劇の人気演目である『西遊記』といえば、天下無敵の孫悟空が有名です。初めての方にとって、内容がわかりやすいので、人気があります。京劇の中でも多くの人に親しまれている『孫悟空大鬧天宮』は、天下無敵の神通力を身につけた孫悟空が天界で大暴れする痛快な物語です。この演目は日本でも上演したことがあります。

| 天下無敵（てんかむてき）④「名」天下无敌 |
| 孫悟空（そんごくう）④「名」孙悟空 |
| 大鬧天宮（だいとうてんきゅう）⑦「名」大闹天宮 |
| 神通力（じんずうりき）③「名」神通力 |
| 大暴れ（おおあばれ）③「自サ」乱蹦乱跳，大胆行动 |
| 痛快（つうかい）⓪「形動」痛快，爽快 |
| 上演（じょうえん）⓪「他サ」上演，演出 |

本文 2　🎧

歌舞伎

歌舞伎は江戸時代に始まり、400 年以上の歴史を持つ日本伝統的な演劇です。

歌舞伎というのは、「歌」「舞」「伎」という言葉がそれぞれ表すように、歌や音楽、舞いと踊り、役者の芝居の3つの要素で見る人を楽しませるものということであります。

歌舞伎の特徴として、以下のようなものがあります。

① 男性が女性を演じる女形の存在
② 客席の中を通る花道
③ 派手な隈取模様の化粧
④ 六方や見得などの独特の動き
⑤ 親から子へと芸を受け継ぐ歌舞伎役者の家制度

このような独特の変わった演出やルールが、歌舞伎を特徴的なものにしています。

隈取とは歌舞伎独特の化粧法のことだが、中国の京劇にも「臉譜」という独特の化粧法があります。これ

| 歌舞伎（かぶき）⓪「名」歌舞伎 |
| 芝居（しばい）⓪「名」戏剧，话剧 |
| 要素（ようそ）①「名」要素 |
| 女形（おんながた）⓪「名」扮演女角色的男演员 |
| 花道（はなみち）②「名」演员上下场的通道 |
| 六方（ろっぽう）③①「名」（主角在花道上挥手抬足的）台步 |
| 見得（みえ）②「名」亮相，亮架子 |
| 家制度（いえせいど）③「名」家制度 |
| 独特（どくとく）⓪「名」独特 |

を日本語では通常「隈取」と訳します。ただ似たようなメイクであり**ながら**、日本の隈取は顔全体ではなく、顔の筋肉を誇張したような部分的なメイクだが、中国の隈取は顔全体を塗りつぶします。

　京劇と歌舞伎はどちらも隈取をする役柄があること、男性が女性の役を演じることなど、共通部分があります。ただ京劇では役者が歌いますが、歌舞伎では役者は歌いません。

　歌舞伎の演目で特に人気があるものの一つが『勧進帳』です。登場人物は、主人公の弁慶、その主君の源義経、そして、関守の役人です。『勧進帳』には、義経のような弱い立場の人を贔屓して助けようという「日本人の思いやりの心」が込められているのです。

　2009 年にはユネスコの無形文化遺産に登録されるなど、歌舞伎は日本の代表的な伝統芸能として、その特殊な様式美とともに、世界に知られるようになっています。

筋肉（きんにく）①「名」肌肉
誇張（こちょう）⓪「他サ」夸张，夸大
塗りつぶす（ぬりつぶす）④「他五」全部涂上，全面涂抹
勧進帳（かんじんちょう）③⓪「名」劝进帐（歌舞伎人气剧目之一）
弁慶（べんけい）①「名」弁庆（人名）
主君（しゅくん）①②「名」主人，主君
源義経（みなもとのよしつね）⑦「名」源义经（人名）
関守（せきもり）②「名」守将
贔屓（ひいき）①「他サ」偏爱，偏袒
芸能（げいのう）⓪①「名」表演艺术；文娱

解　説

1　華やかな衣装に身を包んだ京劇役者たちが、にぎやかな銅鑼やシンバル、太鼓などのリズムに合わせて、軽やかに身をこなし、優雅な中国語のセリフを朗々と響かせ**たり**歌を歌っ**たり**舞っ**たり**激しい立ち回りを演じ**たりします**。／京剧演员们身着华丽服装，配合着热闹的铜锣、铜钹、大鼓等乐器的节奏，轻快地舞动，朗朗唱出优雅的中文台词，时而唱歌，时而起舞，时而表演剧中精彩的打斗。

文法：〜たり〜たりする

接続：動詞た形＋たり、動詞た形＋たりする

意味："时而……，时而……"；"或者……，或者……"。

例文：① 放課後、生徒たちはバスケットボールをしたり、ランニングしたり、歌ったり踊ったりしている。／下课后同学们或者打篮球，或

者跑步，或者唱歌跳舞。

② 花火を揚げたり爆竹を鳴らしたりするなどの遊びは危険な点があ
る。／燃放烟花爆竹之类的游戏有危险性。

③ ひっきりなしに行ったり来たりする。／穿梭般地来来往往。

---

2 京劇の楽器類は主に京胡、月琴といった弦楽器、笛子、鎖吶といった管楽
器、打楽器とそのほかの楽器という4種類に分けられます。／京剧的乐器可
以分为四类，主要有京胡、月琴等弦乐器，笛子、锁呐等管乐器，打击乐器
和其他乐器。

文法：〜という〜

接続：〜という＋名詞

意味："……的……" "……这样的……"。

例文：① 学校という狭い範囲から飛び出す。／走出学校的小圈子。

② あの製薬会社から出た新製品はよく効くし、それに使いやすいと
いう評判である。／对那家制药公司推出的新药的评价是既有效又
方便。

③ タバコを吸うのが体によくないという事実は誰でも知っている。
／谁都知道吸烟有害健康这一事实。

---

3 歌舞伎というのは、「歌」「舞」「伎」という言葉がそれぞれ表すように、
歌や音楽、舞いと踊り、役者の芝居の3つの要素で見る人を楽しませるも
のということであります。／所谓歌舞伎，正如"歌""舞""伎"这三个字
所表达的那样，它是通过歌曲音乐、舞蹈、演员的表演这三个要素来取悦
观众。

文法：〜というのは、〜ということだ

接続：名詞＋というのは、〜ということだ

意味："所谓……就是……"。

例文：①「豚に真珠」というのは、その価値を知らなければ意味がないとい
うことだ。／所谓"投珠与豕"，就是不了解其价值就没有意义。

② 天才というのは、努力しなくても最初からできる人のことだ。／
所谓天才，就是不用努力，一开始就能做到的人。

③「経験すれば、その分だけ賢くなる」というのは、つまり実践は人

を賢くさせるということだ。／所谓"不经一事，不长一智"，就
是实践使人聪明。

4　ただ似たようなメイクでありながら、日本の隈取は顔全体ではなく、顔の筋
肉を誇張したような部分的なメイクだが、中国の隈取は顔全体を塗りつぶし
ます。／尽管它们看上去很相似，但日本的脸谱不是全脸的妆容，而是夸张
了脸部肌肉的局部妆容；而中国的脸谱则是涂整张脸的妆容。

文法：　～ながら（も）、～

接続：　動詞連用形（ます形）＋ながら

　　　　名詞＋ながら

　　　　形容詞辞書形＋ながら

意味：　"虽然……但是……"；"尽管……但……"。

例文：　① 彼は結婚していながら、独身だと言っている。／他虽然结婚了，
　　　　　却说自己是单身。

　　　　② 残念ながら、私はどの楽器も演奏できない。／很遗憾，我不会演
　　　　　奏任何乐器。

　　　　③ 狭いながら、ようやく自分の持ち家を手に入れることができた。／
　　　　　尽管它很狭小，但是我终于能够拥有自己的家了。

練習問題

問題 I　次の質問に答えてください。

1. 最も影響力のある中国の地方劇は何ですか。
2. 京劇は、ユネスコの無形文化遺産に登録されたのはいつですか。
3. 京劇の登場人物は大まかにいくつのパターンに分けられますか。
4. 京劇の楽器類は何種類に分けられますか。
5. 隈取にはどんな意味がありますか。簡単に説明してください。
6. 京劇は何を演じることを主としていますか。どんな演目がありますか。
7. 京劇の人気演目である『西遊記』を見たことがありますか。日本語で「孫悟
空」を紹介してください。

8. 歌舞伎はどんな演劇ですか。

9. 歌舞伎の特徴は何ですか。具体的に話してください。

10. 京劇と歌舞伎の違いは何ですか。ネットで検索したうえで、発表してください。

問題Ⅱ　読解

（一）次の文章を読んで、問題に答えてください。答えはA・B・C・Dの中から一番いいものを1つ選んでください。（J.TEST D-E級第159回）

　　　これから、私の経験をお話しします。会社に入ってすぐ、遅刻したときの話です。その日の朝、起きたときは、もう9時を過ぎていました。私は、慌てて会社に電話し、寝坊してしまったことを伝えて、急いで家を出ました。会社について、すぐに課長に謝りに行きました。私はとても怒られると思っていたのですが、なんと課長は、笑って許してくれたのです。そして私を褒めてくれました。課長は、「体の調子が悪かったと嘘をつく人も多いですが、みんなに嘘がわかってしまうと、これから信用してもらえなくなります。それに、みんなが嘘だと気づかなかったら、これからも嘘をついて、遅刻するでしょう。どちらになっても、いいことではありません。正直に理由を言ったのは、偉かったですね」と言ってくれました。私はこのとき、これからもどんな小さなことでも嘘はつかないでおこうと決めたのです。皆さんは、仕事のとき、嘘をついたことがありませんか。もしそうなら、これからはいつも正直になってください。

1. どうして課長は「私」を褒めてくれましたか。

　　A. 今まで遅刻したことがなかったからです。

　　B. 寝坊をしたことをちゃんと話したからです。

　　C. 電話での話し方が丁寧だったからです。

　　D. 体の調子が悪いのに、会社に来たからです。

2. 文章の内容と合っているのは、どれですか。

　　A. 遅刻しても、叱らない上司が増えています。

　　B. 一生懸命謝れば、たいていのことは許してもらえます。

　　C. 上手な嘘が必要なときもあります。

　　D. 嘘をつくと、よくない効果を生みます。

（二）次の文章を読んで、質問に答えなさい。答えは A・B・C・D から一番いい
　　　ものを 1 つ選びなさい。（J.TEST D–E 第 152 回）

　　　みなさんはいつも、どうやって情報を得ていますか。

　　　新聞や雑誌、テレビ、ラジオ、インターネットなど、何かを知るにはいろ
いろな方法がありますが、これらは、「プッシュ型」と「プル型」に分けるこ
とができます。新聞やテレビなどは、情報をもらうだけの「プッシュ型」で
す。新聞を読んでいる人や、テレビを見ている人は、自分から進んで知ろう
としたわけではありません。一方、「プル型」は、自分から情報を探しに行く
やり方です。自分が知りたいことを入力して調べる、インターネット検索な
どは、「プル型」です。

　　　インターネットが生まれるまえは、（　ア　）が情報を得る主な手段でし
た。たしかに、テレビや新聞からも多くの情報が得られますが、それだけで
は、知識が身についたとはいえないと思います。（　イ　）で得られた情報
は、自分と関係ないものもあり、それらはすぐに忘れてしまうことが多いか
らです。知識は、こちらから探しにいく、つまり（　ウ　）で集めたほうが
身につきやすいでしょう。「これはどういう意味か」「どうしてこうなるのか」
と考えながら、自分から知ろうとして集めた情報こそが、自分の知識となる
のだと思います。

　　　これからの時代は、自分にとって必要な情報を上手に集める技術が、ます
ます大切になっていくのではないでしょうか。

1.（　ア　）（　イ　）（　ウ　）に入る言葉の組み合わせで、合っているのは、
　どれですか。
　　A．ア：「プッシュ型」　　イ：「プル型」　　　ウ：「プル型」
　　B．ア：「プッシュ型」　　イ：「プッシュ型」　ウ：「プル型」
　　C．ア：「プル型」　　　　イ：「プッシュ型」　ウ：「プル型」
　　D．ア：「プル型」　　　　イ：「プッシュ型」　ウ：「プッシュ型」

2.「情報」と「知識」について、文章の内容と合っているのは、どれですか。
　　A．新聞には、情報を得るための知識が書かれています。
　　B．インターネットで得た情報からは、本当の知識は身につきません。
　　C．得た情報が多ければ多いほど、知識も多くなります。
　　D．自分で集めた情報が自分の知識になります。

問題Ⅲ 次の文を中国語に訳してください。

1. 京劇の登場人物はキャラクターの演じる役割や性格などから大まかに「生・旦・浄・丑」の4パターンに分けられます。

2. 臉譜とは京劇など中国古典劇の化粧法で、役者の顔に施す隈取りです。

3. 京劇の中でも多くの人に親しまれている『孫悟空大閙天宮』は、天下無敵の神通力を身につけた孫悟空が天界で大暴れする痛快な物語です。

4. 歌舞伎は江戸時代に始まり、400年以上の歴史を持つ日本伝統的な演劇です。

5. 2009年にはユネスコの無形文化遺産に登録されるなど、歌舞伎は日本の代表的な伝統芸能として、その特殊な様式美とともに、世界に知られるようになっています。

問題Ⅳ 最近見たニュースを下の欄に書いて、皆に紹介してください。

商务交流篇

第7課　ビジネスとは

本文 🎧

　ビジネスは何でしょうか。一般的な言葉をいうと、「利益を出す」ことを指します。もっと簡単な言葉では、金を稼ぐことになります。つまり、「どれだけ金を稼ぐことができるか」がビジネスを行う上で最も重要になります。

　それでは、どのようにすれば売り上げを出し、利益を生み出すことができるのでしょうか。これについては、どれだけあなたのお客さん（顧客）を生み出すことができるのかにかかっています。

　例えば、私が最初に構築したWebサイトは薬学サイトですが、これを大学生のときから構築し始めました。当時は薬学生だったわけですが、単純に「教授たちの講義をまったく理解できないため、自分のような理解

利益（りえき）①「名」
利益，好处
稼ぐ（かせぐ）②
「自・他五」挣钱，赚钱；拼命劳动

生み出す（うみだす）③
「他五」产生出，创造出
顧客（こきゃく）⓪
「名」顾客

構築（こうちく）⓪
「名・他サ」构筑
サイト①「名」网站，站点
薬学（やくがく）⓪②
「名」药学

力のない学生でもわかるような中級レベルの教科書が欲しい」と考えて構築しました。そうすると、全国の薬学生に限らず現役の薬剤師や研究者なども見るようになり、人気サイトになったわけです。月300万PV以上のサイトに育ったわけですが、サイトに広告を載せることで毎月130万以上の収益となります。

　私の場合、「薬学分野の知識を知りたい人」に関して大量の読者（顧客）をサイトに集めることで、大きな利益を生み出すことに成功しました。これがお寺のサイトであれば、読者がほとんどいないので同じような成果は出ていなかったと容易に想像できます。ただ、一般的に会社が事業をする目的は利益を出すことだとされています。

　大企業でも中小企業や個人でもビジネスを行う場合でも同様です。特にネットビジネスでは、「簡単に稼げる」というキャッチフレーズの元にねずみ講ビジネスに手を出している人が非常に多いです。ただ、彼らをみると多くは1年以内に消えています。理由は単純であり、顧客の創造をしていないからです。一瞬だけ稼げるようになるかもしれませんが、ドラッカーの名言である「顧客の創造」というビジネスの本質を理解し

現役（げんえき）⓪
　「名」在职
薬剤師（やくざいし）③
　「名」药剂师
PV（ピーブィ）（Page
　View）单页点阅率
広告（こうこく）⓪
　「名・他サ」广告
収益（しゅうえき）⓪①
　「名」收益
分野（ぶんや）①「名」
　范围，领域，范畴
容易（ようい）⓪
　「名・形動」容易

キャッチフレーズ⑤（广
　告等）引人注意的词句
ネズミ講（ねずみこう）
　⓪「名」传销组织结构
　（金銭を支払って加入
　した人が、他に2人以
　上の加入者を紹介・あ
　っせんし、その結果、
　出費した額を超える金
　銭をあとで受け取るこ
　とを一般にねずみ講と
　言う。増殖する加入者
　の組織が破たんするま
　で続くことから、無限
　連鎖講とも呼ばれてい
　る。）
ドラッカー彼得・德鲁克
　（被誉为"现代管理学
　之父"）

ていないため、結局のところネットビジネスの世界か
らすぐに消えていくのです。

　私は 10 年以上もネットビジネスの世界にいますが、
いまでも稼げる理由は単純です。「どれだけ読者（＝顧
客）に対して有益な情報を提供できるサイト・ブログ
を構築できるか」を最優先にしているからです。

　起業でも副業でもいいので事業を始めるとき、でき
るだけこのように考えて顧客を作り出すことを意識す
るようにしましょう。

　当然、私も昔は普通にサラリーマンを経験してい
ました。毎日決まった時間に会社に行き、同じ仕事を
行い、上司や得意先に頭を下げ、帰宅します。毎日大
きな変化があるわけではなく、変わらない仕事をして
日々を過ごしていました。

　ただ、私が他の人と違っていたのは、「会社から帰
った後の平日や土日などにビジネスを動かしていた」
という事実です。つまり、会社からもらう給料とは別
に金を稼いでいたのです。既に述べた通り、私は薬
学生のころから薬学サイトを運営していたのですが、
副業としてサラリーマンだったときも続けていたの
です。

　さらに言えば、このときのサイトは私が毎日会社勤
めをしていても自動で動いてくれていました。たとえ
日中に仕事をしていても関係ないわけです。そうして
薬学サイト以外にも多くの自動収益化システムを動か
し、毎月会社から定期的に入ってくる給料の何倍もの
金額をビジネスで稼げるようになって独立・起業す
ることになりました。世の中には、「給料が上がらな
い」「どれだけ頑張っても評価してもらえない」「上
司に不満がある」「もっと稼ぎたい」と思っている人
が多いです。私もサラリーマン時代はそうでした。た
だ、会社勤めをしている中で「それなら、自分ひとり

最優先（さいゆうせん）
　③「名」最优先
起業（きぎょう）◎①
　「名・他サ」创业
副業（ふくぎょう）◎
　「名」副业

得意先（とくいさき）◎
　「名」顾客，老客户

既に（すでに）①「副」
　已经，早就

自動（じどう）◎「名」
　自动
日中（にっちゅう）◎
　「名」白天，昼间

評価（ひょうか）①
　「名・他サ」评价，评
　论；好评

だけの力で稼げるようになれば良い」と思ったわけです。

しかし、起業するとなると既に決まった仕事や与えられた仕事があるわけではありません。会社の看板や商品ゼロの状況から事業を立ち上げ、自分の判断でどのようなビジネスを実践するのか決める必要があります。当然、働いたからといって確実にお金が支払われるわけではありません。顧客を創造したときだけ，お金が発生するのです。

ビジネスと仕事には、このような違いがあります。自分の時間を差し出して労働するのが仕事です。一方で事業を動かす場合、自分で考えながら顧客を生み出し、稼ぐために仕組みを作らなければいけなくなるのです。

看板（かんばん）⓪
「名」牌子，招牌
立ち上げる（たちあげる）⓪④「他一」成立，设立；（电脑、程序）启动

差し出す（さしだす）
「他五」③⓪伸出；拿出；寄出；派遣
仕組み（しくみ）⓪
「名」结构，构造；策划，安排

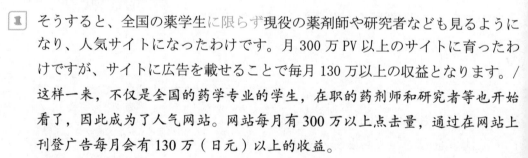

解　説

① そうすると、全国の薬学生に限らず現役の薬剤師や研究者なども見るようになり、人気サイトになったわけです。月300万PV以上のサイトに育ったわけですが、サイトに広告を載せることで毎月130万以上の収益となります。/ 这样一来，不仅是全国的药学专业的学生，在职的药剂师和研究者等也开始看了，因此成为了人气网站。网站每月有300万以上点击量，通过在网站上刊登广告每月会有130万（日元）以上的收益。

文法：～に限らず

接続：名詞＋に限らず

意味："不仅……"。

例文：① 北京は休日に限らず、毎日観光客が多い。/ 北京不仅是假日，每天游客都很多。

② この映画は中国に限らず、世界中でも人気がある。/ 这部电影不仅在中国，在全世界也很受欢迎。

③ 彼女は英語に限らず、中国語や日本語などさまざまな言葉が話せ

る。／她不仅会说英语，还会说中文、日语等各种各样的语言。

2　私は 10 年以上もネットビジネスの世界にいますが、いまでも稼げる理由は
単純です。「どれだけ読者（＝顧客）に対して有益な情報を提供できるサイ
ト・ブログを構築できるか」を最優先にしているからです。／我在电子商务
界已经（打拼）10 多年，现在也能赚到钱的理由很简单。是因为我最优先考
虑"建立一个能提供多少对读者（＝客户）有益信息的网站／博客"。

文法：～に対して

接続：名詞＋に対して

意味：表示针对某人或某事采取某种行为。

例文：① 私の先生は男の子に対しては厳しいが、女の子に対しては優しい。／
　　　　　我的老师对男孩严厉，但对女孩温和。

　　　　② 親に対して、そんな乱暴な言い方をしてはいけない。／对父母不
　　　　　能用那种粗暴的说法。

　　　　③ 先生は私の質問に対して、詳しく答えてくれた。／老师对我的问
　　　　　题作了详细的回答。

3　しかし、起業するとなると既に決まった仕事や与えられた仕事があるわけで
はありません。会社の看板や商品ゼロの状況から事業を立ち上げ、自分の判
断でどのようなビジネスを実践するのか決める必要があります。／但是，创
业并不是做已固有的和所分配的工作。需要从公司的招牌和零商品的状况开
始创业，通过自己的判断决定开展什么样的业务。

文法：～となると

接続：動詞／形容詞普通形＋となると

　　　　名詞／形容動詞（だ）＋となると

意味：用于讲话人叙述自己的判断、意见或推测等。"如果……""要是……"。

例文：① 彼女が来ないとなると、代わりの人が必要になる。／如果她不来，
　　　　　就需要人代替她。

　　　　② いざ自分でやるとなると難しい。／一旦自己做的话就很难啦。

　　　　③ 税金が上がるとなると、国民の生活はますます大変になるだろう。／
　　　　　如果税金上涨的话，国民的生活会变得越来越困难吧。

◀ 当然、働いたからといって確実にお金が支払われるわけではありません。顧客を創造したときだけ，お金が発生するのです。/ 当然，并不是因为工作了就确实能赚到钱。只有在创造了顾客的时候才会盈利。

文法: ～からといって

接続: 文の普通形 ＋ からといって

意味: "不能因为……就……"；"虽说……但是……"。

例文: ① 日本語が話せるからといって、日本語が教えられるとは限らない。/ 虽说会说日语，但未必能教日语。

② 若いからといって、この仕事ができないとは限らない。/ 虽说年轻，但未必不能做这项工作。

③ 一度ぐらい断られたからといって、そんなに簡単に諦めないでください / 不要因为被拒绝了一次就轻易放弃。

練習問題

問題 I 次の質問に答えてください。

1. 作者はどのようにすれば売り上げを出し、利益を生み出すことができると思っていますか。

2. 作者が最初に構築した Web サイトは何のサイトですか。その目的は何ですか。

3. 作者は薬学サイトに広告を載せることでどのくらいの収益が得られましたか。

4. どんな人を薬学サイトに集めていますか。

5. ねずみ講とは何ですか。日本語で簡単に説明してください。

6. なぜ多くのネットビジネスはネットビジネスの世界からすぐに消えていくのですか。

7. 作者は 10 年以上もネットビジネスの世界で稼げる理由は何ですか。

8. ビジネスと仕事の違いは何ですか。

問題Ⅱ 読解

（一）次のメールを読んで問題に答えなさい。答えは A・B・C・D の中から最も適
　　　当なものを 1 つ選びなさい。（J.TEST A–C 級第 153 回）

2020/12/4　11：22

件名：忘年会

社員の皆さん

お疲れさまです。総務部の山田です。

今年も残り少なくなってまいりました。下記の通り、忘年会を行います。
年末のお忙しい時期でしょうが、ぜひご参加ください。
参加されるかどうかは、12 月 15 日までに山田にご返信ください。

1.　日時：12 月 27 日（金）午後 7 時～ 9 時
2.　場所：グランドレストラン赤坂店
3.　会費：5,000 円（前日までに山田にお支払いください）

＊当日、遅れる場合は山田の携帯（090-1234-XXX）までお願いします。
＊山田の名前で予約してあります。

1.　忘年会に参加したい人は、どうしますか。
　　A.　12 月 15 日までにレストランに電話する。
　　B.　12 月 15 日までに山田さんにメールする。
　　C.　12 月 27 日にレストランで自分の名前を伝える。
　　D.　12 月 27 日に山田さんに電話する。
2.　忘年会の日、開始時間に遅れて参加する場合、どうしますか。
　　A.　レストランに電話する。
　　B.　山田さんにメールする。
　　C.　山田さんの携帯に電話する。
　　D.　特に何もしなくてよい。

（二）次のメールを読んで問題に答えなさい。答えはＡ・Ｂ・Ｃ・Ｄの中から最も適当なものを１つ選びなさい。（J.TEST A-C 級第 149 回）

2020/03/13　14:19

件名：退職のごあいさつ

木下さん

お疲れ様です。海外事業部の渡辺です。

このたび、一身上の都合により３月末で退職することになり、本日が最終出社日となりました。

直接ご挨拶をすべきところ、メールにて失礼いたします。

営業部では、私の教育係として一から丁寧に教えていただき本当に（　Ａ　）しております。

大学生気分の社会人１年目だった私に、仕事以外にも様々なアドバイスをしてくださったことを決して忘れません。

海外事業部に移ってからも木下さんに教わったことをいつも心掛けていました。
４月からは別の会社で働くことになりますが、今までの経験を活かして頑張ります。

退職後の連絡先は下記になります。
メール：h-watanabe@xxx.co.jp
携　帯：090-0909-XXXX

最後になりましたが、木下さんのご健勝とご活躍を心よりお祈り申し上げます。
今まで本当にありがとうございました。
またいつかお会いできる日を楽しみにしています。

---

1. （　Ａ　）に入る言葉はどれですか。

　　A. 感謝　　　　　　B. 協力　　　　　　C. 興奮　　　　　　D. 遠慮

2. 渡辺さんについて、メールの内容とあっているのはどれですか。

　　A. ３月31日まで会社に来る。

　　B. 大学卒業後に入った会社を辞める。

C．木下さんに会って話したあとでメールを送った。

D．次の仕事はこれから探す。

3．木下さんについて、メールの内容と合っているのはどれですか。

A．海外事業部で働いている。

B．渡辺さんと一緒に仕事をしていたことがある。

C．渡辺さんに仕事を教えてもらっている。

D．会社を辞めようとしている。

問題Ⅲ　次の文を中国語に訳してください。

1．それでは、どのようにすれば売り上げを出し、利益を生み出すことができる
　のでしょうか。

2．教授たちの講義をまったく理解できないため、自分のような理解力のない学
　生でもわかるような中級レベルの教科書が欲しい。

3．特にネットビジネスでは、「簡単に稼げる」というキャッチフレーズの元にね
　ずみ講ビジネスに手を出している人が非常に多いです。

4．ドラッカーの名言である「顧客の創造」というビジネスの本質を理解してい
　ないため、結局のところネットビジネスの世界からすぐに消えていくのです。

5．ただ、会社勤めをしている中で「それなら、自分ひとりだけの力で稼げるよ
　うになれば良い」と思ったわけです。

問題Ⅳ　最近見たニュースを下の欄に書いて、皆に紹介してください。

第 8 課　中国と日本の企業文化

本文 🎧

中国の現代における企業文化

中国では建国した後に、特に改革開放以降、市場経済の発展とともに、数多くの国営や民営の企業が発展してきた。それらの企業の中で、経済的な利益だけを見ている企業もあるが、利益を求めることより、社会に報い、国に貢献する企業もたくさんある。

次は「ハイアール・グループ」「中国平安保険公司」を例として見よう。

「ハイアール・グループ」は「以仁為本」の儒教思想を企業の価値観とし、企業文化の精神は「敬業報国、追求卓越（仕事に取り込み、国家に報い、卓越性を追求すること）」である。社員の管理には末位淘汰（企業などで、業績の最も悪い者を解雇すること）、競争上崗

改革（かいかく）⓪「名」
改革
国営（こくえい）⓪「名」
国営
民営（みんえい）⓪「名」
民営
報いる（むくいる）⓪
「自他一」報答，报偿，
答谢

儒教（じゅきょう）①
「名」儒教，儒学

卓越（たくえつ）⓪「名・
自サ」卓越，超群

（職位を競い合うこと）などの方針を採用している。ハイアール・グループは創立してから、ずっと社会に責任感を持ち、公益に力を尽くし、慈善事業を行っている。グループのCEO張瑞敏氏は企業存在の目的について、以下のように話したことがある。いずれの企業も目標は同じであり、長期的な利益の最大化を追求することである。しかし、それはただの目標であり、目的ではない。企業が存在する目的は社会と一体化に融合し、社会の進歩を推進することである。

　平安保険公司は自社の企業文化を構築している時、中国の優秀な伝統文化と西洋の現代管理思想を吸収し、自社の状況と市場の要求に応じ、独自の企業文化を構築してきた。平安保険公司の企業使命は、「お客に責任感を持ち、最上のサービスを提供し、信用を守り、社員に責任感を持ち、仕事の生涯を企画し、安心に暮らし楽しく働けること、株主に責任感を持ち、資産を増加し、報酬を安定にすること、社会に責任感を持ち、社会に報い、国に貢献すること」である。平安保険公司は価値の最大化を指導し、卓越性を追求し、高尚で価値ある人になることを提唱している。会社においては「誠実、信頼、進取、成就」の個人的価値観と「団結、活力、学習、創新」の団体的価値観が形成された。

日本の現代における企業文化

　第二次世界大戦後、日本は経済の回復期に入っていた。その急激な速度は全世界を驚かせた。日本の著しい発展の原因には、外部の環境や日本式の経営方式（終身雇用制、年功序列制、企業内労働組合など）以外に、日本の企業文化は大きな影響を与えた。

　次は「松下電器産業」「豊田織機産業」を例として見よう。

　松下電器産業は日本の有名な電器生産会社で、創始者は松下幸之助氏である。松下幸之助は、経営の目的

競い合う（きそいあう）
④互相比赛
公益（こうえき）⓪「名」
公益
慈善（じぜん）⓪「名」
慈善
いずれ⓪「代」哪，哪个，
哪一个

融合（ゆうごう）⓪「自
サ」融合
推進（すいしん）⓪「名・
他サ」推进，推动
構築（こうちく）「名・
他サ」⓪构筑，建筑
吸収（きゅうしゅう）⓪
「名・他サ」吸收，引进
独自（どくじ）⓪「名・
形動」独自，个人
生涯（しょうがい）①
「名」一生，终生；生涯
企画（きかく）⓪「名」
规划，计划
株主（かぶぬし）②⓪
「名」股东
報酬（ほうしゅう）⓪
「名」报酬
高尚（こうしょう）⓪
「名・形動」高尚，高深
提唱（ていしょう）⓪
「名・他サ」提倡
進取（しんしゅ）①「名」
进取
成就（じょうじゅ）①
「名」成就
団結（だんけつ）⓪「名」
团结
終身雇用制（しゅうしん
こようせい）⓪⑤「名」
终身雇佣制
年功序列制（ねんこうじ
ょれつせい）「形」⓪
⑤年功序列制
創始者（そうししゃ）⓪
「名」创始人
松下幸之助（まつしたこ
うのすけ）「名」松下幸
之助（人名）

はお金を稼ぐことだけではなく、企業の使命は社会に
有用な製品を生産することだと思っていた。

　一方、企業が不景気なところでも、社員を解雇する
ことをせず、社員を保護するために、生産を減らして
もかまわないと思っている。経済的な利益を求める同
時に、社会に役に立つことをする。

　豊田織機産業の創始者として豊田伊吉氏は報徳思想
の「至誠・勤労・分度・推譲」を信条とし、自分の息
子豊田佐吉にも大きな影響を与えた。豊田佐吉は報徳
思想を自分の価値観や会社の経営理念として、実行し
ていった。豊田佐吉の経営理念は、社会を改革し、社
会の発展を推進することである。

両国の企業文化の比較

　両国の企業文化における共通点

　「勤労・節倹・信用」などの美徳を提唱すること。

　経営の時に、誠実、信用、合法、「仁・義・礼・智・
信」などの思想を商人の道徳基準としていた。社会に
対する責任感を唱えること。

　両国の企業文化における相違点

　日本企業は終身雇用制、年功序列制、企業内労働組
合などの特徴がある。日本人の社員は企業を社長の個
人的なものではなくて、共同体としている存在してい

使命（しめい）①「名」
　使命，任務。
解雇（かいこ）①「名・
　他サ」解雇

豊田伊吉（とよだいよし）
　「名」丰田伊吉（人名）
報徳思想（ほうとくしそ
　う）「名」二宮尊徳以儒
　家思想为主要参照，吸
　纳神道、儒学、佛教、
　道教等东方思想文化的
　精华而创建的报德思想
至誠（しせい）⓪①「名」
　至诚
分度（ぶんど）①「名」
　二宮尊德创始的做法的
　用语
推譲（すいじょう）⓪
　「名・他サ」推辞（人を
　推薦し、自らは退くこ
　と）
豊田佐吉（とよださきち）
　「名」丰田佐吉（人名）
節倹（せっけん）⓪「名・
　他サ」节俭，节约
道徳基準（どうとくきじ
　ゅん）「名」道德基准
共同体（きょうどうたい）
　⓪「名」共同体

ると見做している。社長から各社員まで、みんなはその共同体の一部分であり、日本企業は大きな家族のように存在している。その家族は、血縁で皆を結ぶことではなく、企業文化で結ばれる。また、「和」を重んじる思想の影響で、その家族のような企業では、個人意識は軽視され、皆は共同で進歩し、自分の優秀さをアピールすることをしない。

　一方、中国では、数多くの人材は企業が才能を充分に生かせるかどうかということを就職の条件としている。入社後、自分の職位で優秀な成績を取り、みんなに自分の能力を認められることを光栄と思っている人が多いである。会社のほうも、社員の間の適度な競争を推進している。

血縁（けつえん）⓪「名」
血缘，血统，骨肉

軽視（けいし）①「名・他サ」軽視
アピール②「名・他サ」
呼吁，宣扬；（有）魅力

光栄（こうえい）⓪「名」
光荣

解　説

① 中国では建国した後に、特に改革開放以降、市場経済の発展とともに、数多くの国営や民営の企業が発展してきた。/ 中华人民共和国成立以后，特别是改革开放以后，随着市场经济的发展，许多国营和民营企业发展起来。

文法：〜とともに

接続：動詞辞書形＋とともに
　　　　名詞＋とともに

意味："随着……"；"……同时"。

例文：① 地震とともに津波が来た。/ 地震的同时海啸也来了。

　　　　② この病気にかかる人は医療の進歩とともに、減少している。/ 患这种病的人随着医疗的进步而减少。

　　　　③ 年を取るとともに、白髪が増えた。/ 随着年龄的增长，白发也多了。

② 平安保険公司は自社の企業文化を構築している時、中国の優秀な伝統文化と西洋の現代管理思想を吸収し、自社の状況と市場の要求に応じ、独自の企業文化を構築してきた。/ 平安保险公司在建设自身企业文化时，吸收中国的

优秀传统文化和西方现代的管理思想，根据自身情况和市场要求，建立了独具特色的企业文化。

文法： ～に応じて / に応じ

接続： 名詞＋に応じて / に応じ

意味： "根据……"。

例文： ① アルバイトの給料は時間に応じて変わる。/ 打工的工资根据时间而变化。

② このレストランは季節に応じてメニューが異なる。/ 这家餐厅根据季节的不同菜单也不同。

③ お客様の予算に応じて宿泊先を決める。/ 根据客人的预算决定住宿的地方。

---

3 一方、企業が不景気なところでも、社員を解雇することをせず、社員を保護するために、生産を減らしてもかまわないと思っている。/ 另一方面，即使在企业不景气的情况下，也不会解雇员工，为了保护员工，减少生产也是可以的。

文法： ～てもかまわない

接続： 動詞て形＋もかまわない

意味： "……也没关系""即使……也没有关系"。

例文： ① お腹がいっぱいなら、無理して食べなくてもかまわないよ。/ 如果吃饱了，不勉强吃也没关系。

② 読み方がわからない場合は、辞書を使ってもかまわない。/ 不清楚读法的话，用词典也没关系。

③ 明日は週末だから、今日寝るのは遅くてもかまわない。/ 明天是周末，今天晚睡也没关系。

---

4 一方、中国では、数多くの人材は企業が才能を充分に生かせるかどうかということを就職の条件としている。/ 另一方面，在中国，很多人才把能否在企业充分发挥才能作为就业条件。

文法： ～かどうか

接続： 動詞 / 形容詞の普通形＋かどうか

　　　　形容動詞語幹 / 名詞＋かどうか

意味：“是否……”；“有没有……”。

例文：① 飯島さんも参加できるかどうか、聞いてみるね。/ 问问饭岛参不参加吧。

② 荷物が届いたかどうか、確かめてください。/ 确认一下行李是否收到了。

③ オリンピックのチケットは人気だから、予約できるかどうか分からないよ。/ 奥运会门票太受欢迎了，不知道能不能预约上。

練習問題

問題 I　次の質問に答えてください。

1. 「ハイアール・グループ」の企業文化の精神は何ですか。
2. 張瑞敏氏は企業の目標についてどう述べましたか。
3. 「平安保険公司」の企業使命は何ですか。
4. 日本の高速的な発展の原因は何ですか。
5. 日本式の経営方式とは何ですか。
6. 松下電器産業の企業文化を簡潔にまとめてください。
7. 中日の企業文化の共通点は何ですか。
8. 中日の企業文化の相違点は何ですか。

問題 II　読解

（一）次のメールを読んで問題に答えなさい。答えは A・B・C・D の中から最も適当なものを 1 つ選びなさい。（J.TEST A–C 級第 146 回）

2019 年 7 月 11 日

株式会社ノヂサン興業
開発事業部　渡辺悠人様

株式会社 NB コンベンション

総務部　柳内和敏

発電機返却のお願い

拝啓　貴社　ますますご清祥のこととお慶び申し上げます。平素はひとかたならぬご愛顧を賜り、ありがとうございます。

　さて、去る6月3日に当社より貸し出しいたしました発電機の件ですが、ご契約の貸し出し期間（1か月間）がすでに過ぎております。

　催促申し上げるのは誠に心苦しいのですが、ご返却いただきますようお願いいたします。なお、ご事情がおありでしたら柳内までご相談ください。

　万が一、本状と行き違いですでにご返送いただいております場合は、あしからずお許しください。

　取り急ぎご返却のお願いまで。

敬具

---

1. 渡辺さんについて、文書の内容と合っているものはどれですか。

　A. 6月3日に発電機を返したが、まだ返していないものがある。

　B. 7月3日までに発電機を返さなければならなかった。

　C. 返却期限が7月11日の発電機をまだ返していない。

　D. 発電機を返却したのに催の連絡がきた。

2. 柳内さんについて、文書の内容と合っているものはどれですか。

　A. 発電機を貸すときに返却期限を伝え忘れた。

　B. 発電機の返却期限が近付いてきたので、相手に知らせておいた。

　C. 貸した発電機をまだ返してもらっていない。

　D. 返却してもらったのに、催促してしまったことを謝罪している。

（二）次のメールを読んで質問に答えなさい。答えはA・B・C・Dの中から最も適当なものを1つ選びなさい。（J.TEST A-C級第147回）

2019/10/30　10:21

件名：「PH型パネル」について

株式会社丸和電工　林様

いつもお世話になっております。株式会社大和商事塚本です。

10 月 16 日に注文いたしました「PH 型パネル」が本日届きました。

しかし、10 個のうち 1 個に一部破損がございました。

つきましては、こちらは返品いたしますので、貴社にて確認の（ A ）、代替品をご手配いただきますようお願いいたします。

ご連絡をお待ちしております。

1. （ A ）に入る言葉はどれですか。
   A. 内　　　　　B. 中　　　　　C. 下　　　　　D. 上
2. メールの内容と合っているのはどれですか。
   A. 発注したパネルの数が間違っていた。
   B. 発注したパネルが割れていたので交換したい。
   C. 発注したパネルを返品するので代金を返してほしい。
   D. 発注したパネルの返品の連絡をしたが返事が来ない。

問題Ⅲ 次の文を中国語に訳してください。

1. 「ハイアール・グループ」は「以仁為本」の儒教思想を企業の価値観とし、企業文化の精神は「敬業報国、追求卓越（仕事に取り込み、国家に報い、卓越性を追求すること）」である。
2. 企業が存在する目的は社会と一体化に融合し、社会の進歩を推進することである。
3. 会社においては「誠実、信頼、進取、成就」の個人的価値観と「団結、活力、学習、創新」の団体的価値観が形成された。
4. 経営の時に、誠実、信用、合法、「仁・義・礼・智・信」などの思想を商人の道徳基準としていた。
5. 社長から各社員まで、みんなはその共同体の一部分であり、日本企業は大きな家族のように存在している。

問題Ⅳ 最近見たニュースを下の欄に書いて、皆に紹介してください。

第 9 課　中国ブランドの日本への進出

本文

日本で台頭する中国企業

　近年、中国企業は政府が目標として掲げる「中国発の世界的ブランド」への成長を目指し、続々と海外市場へ進出するようになった。最近の日本でもその傾向は顕著で、「海底撈火鍋」や「小肥羊（シャオフェイヤン）」に代表される火鍋店や、蘭州ラーメン店に行列ができたニュースを目にしたことのある人も多いだろう。ほか上海でもお馴染みの「CoCo 都可（ココトカ）」「鹿角巷（ルージャオシャン）」「貢茶（ゴンチャ）」などで提供されている「タピオカミルクティー」は、観光客を中心にブームが続いている。

　中国系ブランドの人気は飲食業界に留まらない。スマートフォンを通して広がったショート動画コミュニティで、

台頭（たいとう）⓪「自サ」抬头，得势，兴起

ブランド⓪「名」品牌，商标

進出（しんしゅつ）⓪「名・自サ」进入，打入

顕著（けんちょ）①「形動」显著，明显

海底撈（かいていろう）③「名」海底捞

火鍋（ひなべ）⓪「名」火锅

お馴染み（おなじみ）⓪「名」熟识，熟人

タピオカミルクティー⑧「名」珍珠奶茶

コミュニティ②「名」地区社会，共同体

中国では「抖音」の名で知られるアプリ「Tik Tok」や、オンラインゲーム「荒野行動」なども、日本人の若者の心を掴んでいる。特に「Tik Tok」は、日本の中学1年生女子の半数以上が使っているという驚異の浸透ぶりだ。

中国とほぼ変わらぬ品質

まずは「海底撈火鍋」新宿店である。2015年9月に池袋店がオープンしたのを皮切りに、都内をはじめ大阪や神戸にも出店している。予約が取れなくて、店の前には入店を待つ人の列ができていた。入口には菓子などのサービスがあり、中国の海底撈と遜色ない。店内では、名物である変面ショーや、舞いながら麺を伸ばすパフォーマンスもある。初めて見る人も多く、撮影をする観光客らしい人がいた。味もほぼ同等だが、つけダレに関しては若干の相違が否めない。客の8割は中国人とも言われるが、実際は半数ほどで、場所柄のせいか様々な国籍の人が鍋を囲んでいた。「小肥羊」渋谷店でも、外国人が寄るパターンが多い。

繁華街では1時間待ちも

都内の繁華街では、「珍珠奶茶（タピオカミルクティー）」専門店に大行列が出来ている。ミルクフォーム

アプリ①「名」执行程序，应用
オンラインゲーム⑥「名」在线游戏，网络游戏
掴む（つかむ）②「他五」抓住，弄到手
驚異（きょうい）①「名」惊异；奇事
浸透（しんとう）⓪「名・自サ」渗透，渗入
池袋（いけぶくろ）③「名」池袋，日本地名（东京丰岛区的一个区域）
出店（しゅってん）⓪「名・他サ」开新店
遜色（そんしょく）⓪①「名」逊色
パフォーマンス②「名」演出，演奏
つけダレ④「名」蘸料
否めない（いなめない）③「連体」无法否定
場所柄（ばしょがら）⓪「名」场合（的情况），地点，位置
寄る（よる）⓪「自五」靠近；顺便去；聚集
パターン②「名」类型，模式
繁華街（はんかがい）③「名」闹市
専門店（せんもんてん）③「名」专卖店
ミルクフォーム④「名」牛奶泡沫

やタピオカで自分好みにカスタマイズでき、中国台湾発のティーカフェという位置付けで、客層は韓国人などの観光客と、日本人の学生が多い。長い時で購入までに1時間以上待ち、購入後はスマホ撮影が目立つ。ブームの先駆けは、2015年9月オープンの「貢茶」原宿表参道店だ。そして2017年2月には「CoCo都可」が、同年7月には「鹿角巷」が日本上陸を果たしている。

一時大ブームとなった拉麺

日本に出店した蘭州拉麺店が大行列だ。このブームを巻き起こしたのが、蘭州市の老舗「馬子禄（マーズルー）牛肉麺」であった。現在同店では、混雑する時間帯を避ければ並ばなくても入店できる。味は中国で食べるものと変わりなく、とても美味しい。オフィス街に位置し、ビジネスランチとして周辺の日本人に多く利用されているようだ。

　続いては「麻辣燙（マーラータン）」の専門店「張亮麻辣燙」高田馬場店である。こちらも上海でよく見かける店だが、日本でもすでに大阪、名古屋などに6店舗を展開した。入店時は客、スタッフともに中国語を話す人しかおらず、全てが中国式に回っていた。麻辣燙専門店は都内のあちこちで出店ラッシュが続いている。「薬膳春雨スープ」として、辛い物好きな日本人の女性に人気が高いようだ。

配車サービス

中国の配車サービス大手「DiDi」は、日本のタクシー大手「第一交通産業」と提携し、2018年9月より大阪でサービス提供を開始した。2019年4月、エリアを全国13都市に拡大すると発表し、4月24日から東京と京都でも利用できるようになった。今後は北海道、兵庫、福岡などに順次拡大予定だ。

タピオカ⓪②「名」木薯淀粉；（奶茶用）珍珠
カスタマイズ④「名・他サ」按客户要求定制
客層（きゃくそう）⓪「名」顾客阶层
目立つ（めだつ）②「自五」显眼，引人注目
先駆け（さきがけ）⓪「名」先驱，领先

巻き起こす（まきおこす）④「他五」卷起；引发
老舗（しにせ）⓪「名」老店，老字号
混雑（こんざつ）①「自サ」许多东西混杂；拥挤
オフィス①「名」公司；办公室
ビジネスランチ⑤「名」商务午餐

スタッフ②「名」职员，工作人员

ラッシュ①「名」拥挤；热潮

提携（ていけい）⓪「名・自他サ」协作，合作
エリア①「名」区域，地区，角落
兵庫（ひょうご）①「名」（日本地名）兵庫県
福岡（ふくおか）②「名」（日本地名）（文中指）福岡県

解　説

1 ほか上海でもお馴染みの「CoCo 都可」「鹿角巷」「貢茶」などで提供されている「タピオカミルクティー」は、観光客を中心にブームが続いている。／ 在上海也是耳熟能详的"CoCo 都可""鹿角巷""贡茶"等推出的"珍珠奶茶"，以游客为中心持续升温。

文法：～を中心に

接続：名詞＋を中心に

意味："以……为中心"；"把……作为最重要的"。

例文： ① 地球は太陽を中心に回っている。／地球绕着太阳转。

② 学生は勉強を中心に置くべきだ。／学生应该以学习为中心。

③ 経済発展は国民生活を中心に考えなければならない。／经济发展要以民生为中心。

2 スマートフォンを通して広がったショート動画コミュニティで、中国では「抖音」の名で知られるアプリ「Tik Tok」や、オンラインゲーム「荒野行動」なども、日本人の若者の心を掴んでいる。／ 在通过智能手机传播开来的短视频社区中，在中国以"抖音"之名而闻名的应用软件"Tik Tok"、网络游戏《荒野行动》等也抓住了日本年轻人的心。

文法：～を通して

接続：名詞＋を通して

意味：（1）一般前者为某种媒介、手段、方式时表示"通过……"。

（2）前项为表示时间、空间的词时，则表示连续、连贯，意为在整个期间、整个范围内。

例文： ① 学習を通して、視野を広めることができる。／通过学习，可以开阔视野。

② 文化交流を通して、両国の青年に理解を深めさせる。／通过文化交流，增进两国青年的了解。

③ 彼は一生を通して、中日友好のために働いていた。／他一生都为中日友好而工作。

3 2015 年 9 月に池袋店がオープンしたのを皮切りに、都内をはじめ大阪や神戸にも出店している。/ 从 2015 年 9 月池袋店开张开始，以东京都内为首，在大阪和神户也有分店。

文法：〜を皮切りに

接続：名詞＋を皮切りに

意味："以……为开始""以……为开端"。

例文：① 会長の挨拶を皮切りに、来賓の祝辞が次々に述べられた。/ 以会长的致辞为开端，来宾一位接一位地致辞。

　　　　② 今度の出演は首都を皮切りにして、全国各地で開催された。/ 这次演出从首都开始在全国各地上演。

　　　　③ 上海を皮切りに全国 10 か所コンサートを開くことになりました。/ 以上海为开端，在全国 10 个地方开音乐会。

4 初めて見る人も多く、撮影をする観光客らしい人がいた。味もほぼ同等だが、つけダレに関しては若干の相違が否めない。/ 很多人是第一次看到，有的人在拍照，像是游客。味道也几乎相同，但在蘸料方面却有一些差异。

文法：〜らしい

接続：名詞＋らしい

意味："像……样的"；"典型的"。

例文：① 弱音を吐くなんて君らしくない。/ 说泄气话这可不像你。

　　　　② 新入生らしい人が来た。/ 来了一个似乎是新生的人。

　　　　③ 彼は研究者らしい。/ 他好像是名研究人员。

練習問題

問題I 次の質問に答えてください。

1. 本文の中のブランドのほか、日本に進出する中国のブランドを知っていますか。それらは何ですか。

2. 飲食業界において日本で有名な中国企業を知っていますか。それについて話してみてください。

3. タピオカミルクティーの客層は何ですか。

4. なぜ蘭州拉麺は日本で人気がありますか。

5. 日本における中国の海底撈にはどのような特色がありますか。

6. マーラータンは主にどのような人々に好まれていますか。

7. 「張亮麻辣燙」高田馬場店にはどのような特色がありますか。

8. 中国企業の日本への進出について、感じたことを言ってみてください。

問題Ⅱ 読解

（一）次のメールを読んで質問に答えなさい。答えはＡ・Ｂ・Ｃ・Ｄの中から最も適
　　　当なものを１つ選びなさい。（J.TEST A–C 級第 152 回）

2020 年 8 月 1 日

大和書店　営業部

吉田　誠　様

東山出版　営業部

三浦智子

　「鉄道マガジン」504 号発売中止のお詫び

拝啓　平素は格別のご高配を賜り、誠にありがとうございます。

　さて、来月発売を予定しておりました「鉄道マガジン」504 号でございま
すが、先月発生しました地震の影響を受け、通常の編集作業が難しい状況
のため、残念ながら発売中止とさせていただくことになりました。

　今後の発売時期は未定ですが、少しでも早くお届けできるよう努力して
まいりますので、何卒ご理解いただけますよう、お願いいたします。

敬具

【発売中止商品】

9 月 1 日発売「鉄道マガジン」504 号（2020 年 10 月号）

---

1. 次回の「鉄道マガジン」の発売日はいつですか。

   A. 2020 年 8 月 1 日
   B. 2020 年 9 月 1 日
   C. 2020 年 10 月 1 日
   D. まだ決まっていない

2. 文書の内容と合っているのはどれですか。

   A. 「鉄道マガジン」504 号は予定通り発売させる。

B．普段通りの業務が困難な状況である。

C．通常より早く雑誌を発売する予定である。

D．「鉄道マガジン」は今後出版されない。

（二）次のメールを読んで質問に答えなさい。答えは A・B・C・D の中から最も適
　　　当なものを 1 つ選びなさい。（J.TEST A–C 級第 159 回）

令和 3 年 10 月 27 日

東北家電協会
理事長　井上一郎　殿

株式会社ワイドデンキ
広報部長　島田雪子

拝啓　益々ご隆昌のこととお慶び申し上げます。

　さて、先般お誘いいただきました「冬の省エネ家電フェア」への出展の件でございますが、残念ながら今年は出展を断念することとなりました。昨年に引き続きお誘いいただけましたことは、誠に光栄ではございますが、今年は広告予算削減のため 2 年連続の出展は難しく、お断りすることとなり、深くお詫び申し上げます。何とぞ<u>弊社事情</u>をお汲み取りいただきますようよろしくお願いいたします。

　また、今回お断りしておきながら厚かましいお願いではございますが、今後も出展を希望しております。つきましては、来年以降もご案内をお送りいただけますと幸甚に存じます。

　なお、お預かりしました関係書類一式を同封いたしますのでご査収ください。

　昨年同様、イベントが盛況でありますことをお祈りしております。

敬具

1．下線部「弊社事情」とは何ですか。

　A．人材が不足していること。

　B．予算が不足していること。

　C．スケジュールが合わないこと。

　D．経営方針が変わったこと。

2. 株式会社ワイドデンキについて、文書の内容と合っているのはどれですか。

    A. イベントへの出展はできないが、来場する予定である。

    B. 東北家電協会から送られた書類は破棄する予定である。

    C. 今後、このイベントに出展する予定がない。

    D. 過去にこのイベントに出展したことがある。

問題Ⅲ 次の文を中国語に訳してください。

1. 近年、中国企業は政府が目標として掲げる「中国発の世界的ブランド」への成長を目指し、続々と海外市場へ進出するようになった。

2. 店内では、名物である変面ショーや、舞いながら麺を伸ばすパフォーマンスもある。

3. 中国台湾発のティーカフェという位置付けで、客層は韓国人などの観光客と、日本人の学生が多い。

4. 入店時は客、スタッフともに中国語を話す人しかおらず、全てが中国式に回っていた。

5. 中国の配車サービス大手「DiDi」は、日本のタクシー大手「第一交通産業」と提携し、2018 年 9 月より大阪でサービス提供を開始した。

問題Ⅳ 最近見たニュースを下の欄に書いて、皆に紹介してください。

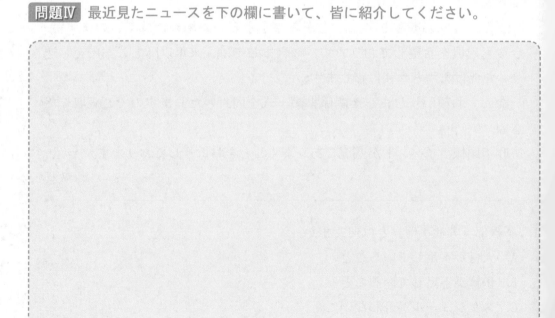

第 10 課　海外向け通販

本文 🎧

　ここ数年、化粧品や衣類から家具、自動車まで、海外の消費者の「買い物カート」に入るメイド・イン・チャイナがますます多くなり、種類もますます豊富になっている。中国からの「海外向け通販」が好調だ。

海外のユーザーは何を買っている？

　中国・南京発の越境ファッション EC サイト SHEIN①は、コスパで欧米の若者の心を捉えた。販売されている中国製の衣類や靴は、代理を通さないため「中間マージンがゼロ」で、価格は一番高いものでも 10 数ドル（1 ドルは約 144.7 円）だ。

　衣類や靴だけでなく、一部の人にとってはおしゃれに欠かせない製品であるウィッグも人気が高い。

　米国を例にすると、ロングヘアのウィッグは大体 500 ドルから 600 ドルするが、阿里巴巴（アリババ）傘下の速売通（AliExpress）なら中国製のウィッグが数十ドルで手に入る。

　スマホカバー、スマホ充電コード、スマホフィルムといった細々したものは、中国では数十元（1 元は約 20.2 円）で一通りそろえることができる。しかし海外ではこうした製品の値段が非常に高い。例えば、中国で 15 元（約 303 円）で売られているカバーが海外の店

買い物カート（かいものカート）⑤「名」购物车	
通販（つうはん）⓪「名」邮购	
越境（えっきょう）⓪「名」越境，跨境	
EC サイト③「名」电子商务平台	
コスパ①⓪「名」（コストパフォーマンス的缩写）性价比	
欧米（おうべい）⓪「名」欧美	
マージン①「名」佣金	
ウィッグ②「名」假发	
米国（べいこく）⓪「名」美国	
傘下（さんか）①「名」系统下，旗帜下，隶属下	
カバー①「名」罩子，套子	
充電（じゅうでん）⓪「名・自他サ」充电	
コード①「名」绝缘电线	
フィルム①「名」膜，薄膜	
細々（ほそぼそ）③「副」细小地，微弱地	
一通り（ひととおり）⓪「名・副」大概；一般；全部	

---

① SHEIN 是一家跨境 B2C 快时尚电商平台，公司业务以快时尚服装为主体，囊括服装、配饰、鞋包、首饰、家居、美妆、家纺等多品类。

では 25 ドル（1 ドルは約 144.7 円、約 3617.5 円）になり、倍どころか、10 倍以上の値段に跳ね上がる。

　海外には中国の科学技術製品に夢中な「テクノロジーオタク」が数多くいる。彼らはドローン、セグウェイ、特定ブランドのスマートブレスレットといった製品を慎重に選び抜き、到着するのを今か今かと待ち焦がれる。

　具入りラー油の老干媽は中国では 10 数元だが、アマゾンでは 5 倍近い 11.99 ドルで売られている。それでも新しい味を試してみたいという誘惑には勝てない。

　中国の若者は健康のために保温ボトルに入れたお茶やお湯にクコの実を入れて飲むが、この方法は早くから海外の健康雑誌で紹介されている。健康志向に国境はない。

　中医薬の老舗の北京同仁堂の缶入りクコの実は、中国では 48 元、アマゾンでは送料も含めて 29 ドルだが、それでもオーガニック食品店で買うより大分安い。

海外の消費者はどこで買っている？

　アマゾンは中国のビジネスマンの世界展開の 1 つの縮図に過ぎない。アリババ傘下の速売通は早くに登場した越境 EC サイトだ。

　ロシアやスペインなどの国で、速売通はコスパの高

跳ね上がる（はねあがる）④「自五」弹跳；飞涨，猛涨

テクノロジーオタク⓪「名」技术宅

ドローン②「名」无人机

セグウェイ③「名」摄位车，一种电力驱动、具有自我平衡能力的个人用运输载具，是都市用交通工具的一种

スマートブレスレット⑥「名」智能手环

今か今かと（いまかいまかと）「慣」眼巴巴地等待，望眼欲穿

アマゾン①「名」亚马逊

誘惑（ゆうわく）⓪「名・他サ」诱惑

クコ①②「名」枸杞

中医薬（ちゅういやく）④「名」中药

同仁堂（どうじんどう）⓪「名」同仁堂

オーガニック④「名」有机物；有机栽培

縮図（しゅくず）⓪「名・他サ」缩影；缩图

いウィッグや女性用衣類などによって市場を開拓して
きた。ここ数年は海外に進出する企業も独自ブランド
の構築に努力しており、メイド・イン・チャイナにデ
ザイン性が加わるようになった。

　中国の淘宝（タオバオ）は今の時代の人々のショッ
ピングスタイルを変えた。東南アジアの各国で流行し
ている Lazada というショッピングサイトは、淘宝のコ
ピーとも呼ぶべきだろう。

**　海外の消費者はなぜ中国の EC サイトでの買い物が好
きなのか？**

　中国の EC サイトでのショッピング人気は、単に安い
からではなく、コスパの高さこそが揺るぎない真の理
由だ。

　メイド・イン・チャイナはつとにその名を世界で知
られており、ますます多くの中国ブランドが重心を単
なる生産から生産＋デザインへと移し始め、海外の主
流市場へのよりスムーズな進出を目指している。

　海外の消費者が中国からの「海外向け通販」で買い
物をするのは、大きな価格差の中で安い商品を探そう
としているというだけではない。ハーブエキス製品の
清涼油や板藍根などは、「神秘的な東洋の薬」として海

Lazada 中文叫 "来赞达",
　是一家东南亚电商平台

揺るぎない（ゆるぎな
　い）「形」④穏固，不
　动摇
つとに②「副」早就
単なる（たんなる）①
　「連体」仅仅，只是
スムーズ②「形動」順
　畅；光滑，平滑
ハーブエキス④「名」香
　草提取物
清涼油（せいりょうゆ）
　③「名」清凉油
板藍根（ばんらんこん）
　⑤「名」板蓝根
神秘的（しんぴてき）⓪
　「形動」神秘的

外でも大人気となっている。

　新型コロナウイルス感染症で中国人が暫く外国に旅行に行ったり消費したりということができなくなった。しかし、貨物機やコンテナを通じて、メイド・イン・チャイナは少しずつ着実に海外へと運ばれ、その歩みが止まることはなかった。

注文が来る前に、商品を海外倉庫へ

　海外倉庫とは、海外に設立された倉庫貯蔵施設で、中国のメーカーやブランド企業、貿易会社、物流サービス会社などに向けて、物品の保管貯蔵、中継、仕分け、パッケージ、倉庫内加工、配送などの基礎的サービス、及び受注処理、通関手続き、返品・交換、資金調達、海外代理販売などの付加価値サービスを提供する。

　商品の発送がスピーディで、返品・交換が簡単なのが、海外倉庫の主な優位性だ。海外倉庫が消費者の所在国に設立されることで、企業は前もって商品を大量に運び込むことができ、消費者が商品を購入すると、商品が所在国から直接輸送されるため、配送時間が大幅に短縮される。消費者が返品・交換する場合は海外倉庫に直接商品を戻せるため、他の方法に比べて、海外倉庫を利用した返品・交換はより便利でスピーディだ。

新型コロナウイルス（しんがたコロナウイルス）⑨「名」新型冠状病毒
感染症（かんせんしょう）⓪「名」感染症
コンテナ①③「名」集装箱
着実（ちゃくじつ）⓪「名・形動」踏〔塌〕実；扎実，牢靠；穏健。
歩み（あゆみ）③「名」脚步；步伐；进展
貯蔵（ちょぞう）⓪「名・他サ」储藏，储存
中継（なかつぎ）⓪「名・他サ」中转，转口
仕分け（しわけ）⓪「名」区分，分类
パッケージ①「名・他サ」包装
受注（じゅちゅう）⓪「名・他サ」接受订货，接受订单
通関（つうかん）⓪「名・自サ」通关
付加（ふか）①②「名・他サ」附加，添加，补充
スピーディ②「形動」迅速的，敏捷的
返品（へんぴん）⓪「名・自他サ」退货，退回的货品
優位性（ゆういせい）⓪「名」优越性，长处，优点
短縮（たんしゅく）⓪「名・他サ」缩短

解　説

1　例えば、中国で15元（約303円）で売られているカバーが海外の店では25ドル（1ドルは約144.7円、約3617.5円）になり、倍どころか、10倍以上の値段に跳ね上がる。／例如，在中国售价15元（约303日元）的（手机）壳在国外的商店售价25美元（1美元约144.7日元，约3617.5日元），不只是翻倍，甚至上涨了10倍以上！

文法：～どころか

接続：動詞 / 形容詞 / 形容動詞の名詞修飾形＋どころか

名詞＋どころか

意味：（1）从根本上进行否定。"哪里……""别说……"。

（2）后项程度高于前项。"不仅……而且……"。

例文：① 彼は 10 年日本に住んでいるのに、漢字どころかひらがなも書けない。

／他虽然在日本住了 10 年，但是别说汉字，就连平假名都不会写。

② 渡辺さんは英語どころか、中国語や韓国語も話せる。／渡边不仅

会说英语，还会说中文和韩语。

③ 金さんは漢字を読めるどころか、書くこともできる。／金先生不

仅会读汉字，还会写。

ロシアやスペインなどの国で、速売通はコスパの高いウィッグや女性用衣類
などによって市場を開拓してきた。／在俄罗斯和西班牙等国家，速卖通通
过高性价比的假发和女性服装等开拓了市场。

文法：～によって

接続：名詞＋によって

意味：表示手段。"通过……""凭借……""靠……"。

例文：① この資料によって多くの事実が明らかになった。／通过这份资料，
很多事实都清楚了。

② インターネットによって、色々なビジネスができる。／通过网络
可以做各种各样的生意。

③ スマホによって、決済までできる時代になった。／现在已经到了
可以通过智能手机结算的时代了。

海外の消費者が中国からの「海外向け通販」で買い物をするのは、大きな価
格差の中で安い商品を探そうとしているというだけではない。／海外消费者
通过来自中国的"跨境电商"购物，不仅仅是想在巨大的价格差中寻找便宜
的商品。

文法：～とする

接続：動詞の意向形＋とする

意味：（1）表示努力尝试做某事。

（2）正要打算做某事或者某一动作即将发生。

例文: ① 家を出ようとした時、電話が鳴った。/ 刚要出门的时候，电话响了。

② 一生懸命勉強して希望校に合格しようとしている。/ 我努力学习想要考上理想的学校。

③ 李さんは今年、日本の会社に就職しようとしている。/ 小李今年想在日本的公司就职。

---

④ 消費者が返品・交換する場合は海外倉庫に直接商品を戻せるため、他の方法に比べて、海外倉庫を利用した返品・交換はより便利でスピーディだ。/ 因为消费者退、换货时可以直接将商品返回海外仓，所以与其他方法相比，利用海外仓退、换货更方便快捷。

文法: 〜に比べて

接続: 名詞＋に比べて

意味: "与……相比"。

例文: ① 東京に比べると、田舎は物価が安くとても住みやすい。/ 与东京相比，乡下物价便宜，很适合居住。

② 去年に比べて、今年の売り上げが 30% も増えた。/ 与去年相比，今年的销售额增加了 30%。

③ 男性に比べて、女性の方が一般的に寿命が長い。/ 与男性相比，女性的寿命一般更长。

練習問題

問題 I 次の質問に答えてください。

1. 海外のユーザーは EC サイトを利用して、主に何を買いますか。

2. 中国の若者は健康のために保温ボトルに入れたお茶やお湯に何を入れて飲みますか。

3. 東南アジアの各国で流行しているショッピングサイトは何ですか。

4. 中国の EC サイトでショッピングする人気がある理由は何ですか。

5. 何を通じて、メイド・イン・チャイナは海外へと運ばれますか。

6. 海外倉庫の優位性は何ですか。

7. 海外の消費者が返品・交換する場合はどこに商品を戻せますか。

8. あなたがよく使う EC サイトは何ですか。

問題Ⅱ　読解

（一）次の文書を読んで問題に答えなさい。答えは A・B・C・D の中から最も適当
　　　なものを 1 つ選びなさい。（J.TEST A–C 級第 155 回）

2021 年 2 月 26 日

お客様各位

株式会社オフィス GB

営業部　内田　和男

4 月からの事業拡大のご案内

拝啓　時下ますますご清祥のこととお喜び申し上げます。平素は格別のお
引き立てを賜り、心よりお礼申し上げます。

　さて、当社では、お客様のさらなる利便性を追求し、この春より製品の
ラインナップやサービスを一新することとなりました。

　これまで当社はコピー用紙、文房具などを中心に扱ってまいりましたが、
この度ご要望にお応えし、ロッカーや棚、デスク等、オフィス家具の取り
扱いを始めることといたしました。また、新規サービスとして、ご注文か
らお届けまで最短 1 日の「すぐ着く！サービス」（有料）の運用も開始いた
します。

　つきましては、最新の製品カタログを同封いたしますので、ぜひご一読
いただければと存じます。

　なお、こちらの製品カタログは 4 月 1 日からご注文が可能となっており
ます。3 月末までは、お手数ですが現在お持ちのカタログからのご利用をお
願いいたます。

　今後とも変わらぬご愛顧を賜りますよう、よろしくお願い申し上げます。

敬具

1. 「オフィス GB」は 4 月からどう変わりますか。

  A. 取り扱う商品の幅が広がる。

  B. 販売する大型商品の種類が減る。

  C. 小さめのオフィス用品の販売が停止される。

  D. これまで無料だった翌日配達サービスが有料になる。

2. 文書の内容と合っているのはどれですか。

  A. 3 月に商品を購入したい場合、カタログは一切利用できない。

  B. 4 月以降、新しいカタログから商品を購入できる。

  C. 4 月以降、カタログは有料となる。

  D. 新しいカタログは 4 月に送付される。

（二）次の文章を読んで問題に答えなさい。答えは A・B・C・D の中から最も適当なものを 1 つ選びなさい。（J.TEST A–C 級第 154 回）

  これまで一般的に、働く女性は極力、家庭やプライベートの都合を仕事の制約にせず、男性と対等に、仕事での成功やキャリアアップを追求したバリ（*1）キャリか、家庭やプライベートの時間を確保することを優先し、それが可能となる範囲で仕事をするゆるキャリかといった二元論で語られてきました。（…中略…）

  一方、近年、プライベートは結婚も出産もして、家事や子育てにも積極的に取り組みながら、仕事でも、周囲の期待に応える成果をしっかりと出して、仕事を通じて少しでも自分を高めていきたいと考える女性が増えています。筆者は、このように、家事や子育てでも、仕事でも、貢献と成長を目指し、二者択一ではなく、双方に同時に取り組み、実験したいと考える人を、従来のバリキャリ、ゆるキャリのどちらでもない新しい（*2）セグメントであるとして、フルキャリと定義しました。

  従来のように、結婚か仕事か、子供か仕事かというように、どちらか一方を選ぶ、もしくはどちらか一方に重きを置く、理想的にはどちらも「Fulfill したい（全うしたい、目標を成就させたい）」と考えているのがフルキャリです。そうであるがゆえに、時間的にも、肉体的にも、精神的にも、「Full（溢れるほどいっぱい）」になりやすいという特徴を持ちます。こうした特徴を踏まえて、筆者は彼女たちを「"フル"キャリ」と名付けました。

  （*1）キャリ…キャリアウーマン。専門的な知識などが必要な職業に就いて

いる女性

（＊2）セグメント…分け方

（武田佳奈『フルキャリマネジメント子育てしながら働く部下を持つマネジャーの心得』東洋経済新報社より一部改）

1. かつての働く女性について、文章の内容と合っているのはどれですか。

A.「バリキャリ」か「ゆるキャリ」かのどちらかを望む女性しかなかった。

B. 仕事よりも家庭やプライベートを優先させる「ゆるキャリ」を選択する女性のほうが多かった。

C. 仕事か家庭やプライベートかのどちらかを優先させる働き方をしていた。

D. 働き続けるためには「バリキャリ」を選択するしかなかった。

2. 下線部「フルキャリ」とは、どのような人を指しますか。

A. 家庭やプライベートよりも仕事を優先する女性。

B. 家庭やプライベートを優先しながら働く女性。

C. 仕事と、家庭やプライベートの両立を目指す女性。

D. 仕事を辞め、家庭やプライベートに専念する女性。

問題Ⅲ　次の文を中国語に訳してください。

1. ここ数年、化粧品や衣類から家具、自動車まで、海外の消費者の「買い物カート」に入るメイド・イン・チャイナがますます多くなり、種類もますます豊富になっている。

2. スマホカバー、スマホ充電コード、スマホフィルムといった細々したものは、中国では数十元で一通りそろえることができる。

3. 彼らはドローン、セグウェイ、特定ブランドのスマートブレスレットといった製品を慎重に選び抜き、到着するのを今か今かと待ち焦がれる。

4. 中国の EC サイトでのショッピング人気は、単に安いからではなく、コスパの高さこそが揺るぎない真の理由だ。

5. 貨物機やコンテナを通じて、メイド・イン・チャイナは少しずつ着実に海外へと運ばれ、その歩みが止まることはなかった。

問題Ⅳ 最近見たニュースを下の欄に書いて、皆に紹介してください。

第11課　新しい暮らしを彩るデジタル化

本文 🎧

　ナビゲーションソフトを開けば、ルートが一目瞭然になり、さらにソフトがリアルタイムで道路状況を分析して、所要時間も予想してくれる。

　ECプラットフォームで服を買う時、オンライン試着機能を使えば、コーディネートの善し悪しを直観的に確かめることができる。

　家でくつろいでいる時、外に出なくても博物館を「クラウド見学」すれば、貴重な文化財を鑑賞することができる。多くの中国人にとって、こうした場面は今やすっかり日常生活の一部になった。

　中国のデジタル経済の規模は2012年の11兆元（1元は約20.5円）から2021年の45兆5千億元に増加し、デジタル産業化の基礎がよりしっかりと踏み固められ、産業デジタル化の歩みが加速し続けている。

　この10年に、デジタル化が暮らしをより便利にしている。2012年から2021年までの間に、中国のインターネット普及率は42.1%から73%に上昇し、すべての地級市（省と県の中間にある行政単位）が光ファイバー都市を全面的に建設し、行政村と貧困を脱却した村のブロードバンド開通率は100%に達した。2022年7月末まで、中国の5G移動電話ユーザーは4億7500万人に達し、世界最大規模の5Gネットワークが建設された。

彩る（いろどる）③「他五」装飾，点缀

デジタル化（テジタルか）⓪「名」数字化

ナビゲーション③「名」导航

一目瞭然（いちもくりょうぜん）⓪「慣」一目了然

リアルタイム④「名」实时，即时

プラットフォーム⑤「名」平台

コーディネート④「名・他サ」搭配；协调化

クラウド見学（クラウドけんがく）⑤「名」云参观

文化財（ぶんかざい）③「名」文化遗产

今や（いまや）①「副」现在正是

デジタル①「名」数字（的）

踏み固める（ふみかためる）⑤「他一」踏结实，踩实

光ファイバー（ひかりファイバー）④「名」光纤，光缆

貧困（ひんこん）⓪「名・形動」贫困，贫穷

脱却（だっきゃく）⓪「名・自他サ」摆脱；逃脱

ブロードバンド⑤「名」宽带

デジタルインフラが整ったことで飛躍的発展が実現し、シェアリングエコノミー、ネット小売、モバイル決済などの新技術・新業態・新モデルが次々に登場し、デジタル中国建設の実り多い成果が社会や暮らしのあらゆる面をカバーしている。

都市のコミュニティでは、コード読み取りによる料理の注文や顔認証決済が市民に新しい体験をもたらし、スマート駐車場、顔認証による団地の出入り、ごみのスマート分別回収が日常生活に便利さをもたらしている。

広大な農村では、EC のライブコマースを利用して、農産物が外部へ販路を広げ、デジタル化技術を背景に、従来の農業がスマート農業への転換を加速させている。

この 10 年に、デジタルによる便利で、利益や恩恵をもたらすサービスの普及が加速した。デジタル技術を利用して、オンライン化と遠隔化をはじめとする新型サービスモデルが日増しに普及している。海南省では、市・県の病院 18 ヶ所、郷・鎮の衛生院 340 ヶ所、村の衛生室 2700 ヶ所が 5G 遠隔医療設備を配置し、患者の診察にかかる時間が平均 3-5 時間短縮され、診察の効率が 30%上昇した。福建省福州市鼓嶺観光レジャ

インフラ⓪「名」基础设施
飛躍的（ひやくてき）⓪「形動」飞跃的，飞跃性的
シェアリングエコノミー⑦「名」分享经济
ネット小売（ネットこうり）④「名」网络零售
カバー①「他サ」覆盖
コード読み取り（コードよみとり）④「名」扫码
顔認証（かおにんしょう）③「名」人脸识别
スマート②「形動」智能型的
団地（だんち）⓪住宅区
分別回収（ぶんべつかいしゅう）⑤「慣」分类回收
ライブコマース④「名」直播带货
農産物（のうさんぶつ）③「名」农产品，农作物
販路（はんろ）①「名」销路
恩恵（おんけい）⓪「名」好处
日増しに（ひましに）⓪③「副」日益
海南（かいなん）①「名」海南
遠隔医療（えんかくいりょ

ーエリアでは、5G ネットワークがすべての景勝地をカバーし、5G で可視化された総合管理プラットフォーム、民泊監督管理システムなど「5G ＋スマート観光」プロジェクトが応用され、観光レジャーエリアの観光客数が 13％増加した。江西省撫州市では、1 本のネットワークケーブルが都市と農村の教室をつなぎ、村の子どもたちも都市の優れた教育資源を享受できるようになっている。

　　今日の中国には、世界最大規模のオンライン教育プラットフォームと全国統一の医療保険情報プラットフォームが構築され、遠隔医療は全国の県・区の 90％以上をカバーしている。この 10 年に、デジタル技術が都市・農村間、地域間の優れた社会サービス資源の配置のアンバランスの問題を解決するための重要なサポートを提供している。

　　この 10 年、デジタル政府のガバナンスサービスの機能が大きく向上した。デジタル政府はデジタル中国の重要な構成要素だ。デジタル技術を政府の管理サービスに幅広く応用することは、ガバナンスシステムとガバナンス能力の近代化を推進するための有効な措置で、政務サービスに対する人々のますます高まる要求によりよく応えるための必然的な選択でもある。現在の状況を見ると、「掌の上で手続きできるサービス」、「指先

で手続きできるサービス」が各地の政務サービスの標準装備となり、「1つのネットで一括手続き」、「エリアが変わっても手続き可能」が今や現実のものになり、省レベルの行政認可項目の90%近くはオンラインでの受理と「実際に窓口に行くのは最多で1回」が実現し、認可を受けるまでの期間が平均で半分以上短縮された。

国際連合の電子政府に関する調査報告書によると、中国の電子政府のオンラインサービス指数は世界9位だという。

デジタル中国建設が踏み込んで推進されるのに伴って、デジタル技術が幅広く応用されるようになり、デジタルのボーナスを享受する人がますます増えている。

> 1つのネットで一括手続き（ひとつのネットでいっかつてつづき）「专」"一网通办"
>
> エリアが変わっても手続き可能（エリアがかわってもてつづきかのう）「专」"异地可办"
>
> 国際連合（こくさいれんごう）⑤「名」联合国
>
> 指数（しすう）②「名」指数
>
> 踏み込む（ふみこむ）③「自五」深入
>
> ボーナス①「名」奖金，分红，红利

解　説

1. デジタル技術を利用して、オンライン化と遠隔化をはじめとする新型サービスモデルが日増しに普及している。／借助数字技术，以线上化、远程化为代表的新型服务模式日益普遍。

文法：～をはじめとする／～をはじめ（として）

接続：名詞＋をはじめ／をはじめとして／をはじめとする

意味："以……为首"；"以……为代表"；"以及"；"从……到……"。

例文：① 校長を始め、多くの先生方に褒められた。／我受到了校长以及很多老师的表扬。

② 彼は映画をはじめとする様々な映像作品に出演している。／他出演过电影等各种各样的影视作品。

③ 今ではタオバオをはじめとするインターネットでの買い物が主流だ。／现在的主流是以淘宝为代表的线上购物。

2. デジタル技術を政府の管理サービスに幅広く応用することは、ガバナンスシステムとガバナンス能力の近代化を推進するための有効な措置で、政務サー

ビスに対する人々のますます高まる要求によりよく応える<u>ため</u>の必然的な選択でもある。/ 将数字技术广泛应用于政府管理服务，是推进治理体系和治理能力现代化的有效举措，也是更好满足公众对政务服务越来越高需求的必然选择。

文法：　～ため

接続：　動詞 / 形容詞普通形＋ため

　　　　　形容動詞語幹な＋ため

　　　　　名詞の＋ため

意味：　"由于""因为"。

例文：　① 事故のため、バスが遅れている。/ 由于事故，公交车晚点了。

　　　　② お金が足りなかったため、欲しかったゲームが買えなかった。

　　　　　/ 由于钱不够，想买的游戏没能买成。

　　　　③ 台風のため、試合は中止になった。/ 因为台风比赛终止了。

---

3 国際連合の電子政府に関する調査報告書によると、中国の電子政府のオンラインサービス指数は世界 9 位だという。/ 联合国电子政务调查报告显示，中国电子政务在线服务指数全球排名第九位。

文法：　～に関する / ～に関して

接続：　名詞＋に関する / に関して

意味：　"关于……""有关……"。

例文：　① このサイトではアルバイトに関する情報を発信している。/ 这个网站发布了兼职相关的信息。

　　　　② 彼は英語以外に関しては頭がいい。/ 他除了英语以外，其他科目都很擅长。

　　　　③ この辞書はすべて諺に関するものだ。/ 这本词典都是与谚语相关的内容。

---

4 デジタル中国建設が踏み込んで推進されるのに伴って、デジタル技術が幅広く応用されるようになり、デジタルのボーナスを享受する人がますます増えている。/ 随着数字中国建设的深入推进，数字技术得到广泛应用，越来越多人享受到了数字红利。

文法：　～に伴って / に伴い / に伴う

接続: 名詞＋に伴って / に伴い / に伴う

意味: "随着……""伴随……"。

例文: ① 大学卒業に伴って引っ越しすることになった。/ 随着大学毕业搬
了家。

② 人々の考え方は時代に伴って変化していく。/ 人们的想法会随着
时代而变化。

③ 科学の進歩に伴って、生活は便利になった。/ 随着科学的进步，
生活变得方便了。

練習問題

問題 I 次の質問に答えてください。

1. ナビゲーションソフトを開けば、どんな情報が分かりますか。

2. 博物館などを「クラウド見学」したことがありますか。具体的に話してくだ
さい。

3. 2012 年から 2021 年までの間に、中国のデジタル経済の規模は何億元を増加
しましたか。中国のインターネット普及率は何パーセントから何パーセント
に上昇しましたか。

4. デジタルインフラの飛躍的発展に伴い、どんな新技術・新業態・新モデルが
次々に登場していますか。

5. 都市のコミュニティでは、デジタル化がどのように日常生活を彩っていますか。

6. 広大な農村では、デジタル化がどのように暮らしを彩っていますか。

7. 何をはじめとする新型サービスモデルが日増しに普及していますか。例を挙
げて、具体的に話してください。

8. 政務サービスに対する人々のますます高まる要求により、どんな業務サービ
スが現実のものになりましたか。

9. 「新しい暮らしを彩るデジタル化」を読んだ後、印象深いところについて、
自分の感想を話してください。

10. デジタル化により、自分の身の回りにどんな変化がありましたか。具体的に
話してください。

問題Ⅱ　読解

（一）　次の文章を読んで問題に答えなさい。答えは A・B・C・D の中から最も適当
　　　なものを 1 つ選びなさい。（ J.TEST A–C 級第 162 回 ）

自動車^(*1) サブスク快走

　自動車のサブスクリプション（定額制）サービスが広がっている。定額制の音楽・動画の配信サービスのように、毎月決まったお金を払うと車を乗り続けることができる。毎月払う料金には、車両代のほか税金や保険、車検、故障の時などの^(*2)メンテナンス代も含まれている。

　お金を払って車を一定期間利用できる点では、^(*3)リース契約と変わらない。ただ、サブスクはリースよりも契約期間が短かったり、契約期間中でも他の車種に乗り換えたりでき、サービスの幅が広いことが特徴とされている。

　自動車最大手のトヨタ自動車は 2019 年、「KINTO」の名称で、サブスクを始めた。狙いは、「売り切り」が当たり前のクルマの販売で、新しい売り方を広げること。消費者の意識が「所有から利用」に^(*4)シフトしつつあることに注目した。

　申し込みは車の販売店でも、ネット経由でもできる。契約期間 3 年で、サービスをスタート。その後、「5 年」「7 年」を追加した。対象の車種も順に増やしており、月額 1 万円台から利用できる車もある。

　こうした取り組みのおかげで、累計申込件数は 2020 年 12 月末の約 1 万 2 千件から、ことし 1 月末には約 3 万 2 千件まで増えた。利用者は、20 ～ 30 代が 4 割超を占めている。車を所有していない人の利用が多いのも特徴という。

（*1）サブスク…サブスクリプションの略

（*2）メンテナンス…管理

（*3）リース契約…長期の賃貸契約

（*4）シフトしつつある…移りつつある

（「朝日新聞」2022 年 3 月 14 日付より一部改）

1. 自動車のサブスクリプションサービスについて、文章の内容と合っているのはどれですか。

    A. リース契約よりも長期で利用できる。

    B. 月額料金に税金や保険料が含まれる。

    C. 長く利用すればするほど料金が割引される。

    D. 契約期間中は車種の変更ができない。

2. 「KINTO」について、文章の内容と合っているのはどれですか。

    A. 契約期間はいくつかの中から選べる。

    B. ネットから申し込めば、選べる車種が増える。

    C. 販売開始後、毎年 3 万件以上の申し込みがある。

    D. お年寄りで車を持っていない人の利用が多い。

（二）次の文章を読んで問題に答えなさい。答えは A・B・C・D の中から最も適当なものを 1 つ選びなさい。（J.TEST A–C 級第 160 回）

    国土交通省は時間帯や曜日によって鉄道の運賃を上下させる<u>変動料金制</u>導入の検討を始めた。ダイナミックプライシングと呼ばれるこの手法は、IC 乗車券を使って混雑時は高い運賃を課して利用を抑え、逆にすいた時間帯は安い運賃で需要を呼び込む仕組みだ。需要の^(*1)平準化に効果があり、鉄道会社と乗客の双方にメリットが期待できる。^(*2)国交省は検討を加速し、早期の実現をめざすべきだ。

    変動料金のアイデアが浮上したきっかけは昨年来の^(*3)コロナ禍だ。感染抑止に向けて満員電車の^(*4)「密」回避が求められただけではない。テレワークの普及などで鉄道需要が構造的に縮むなかで、鉄道各社の経営状況は大幅に悪化し、今も出口が見えない。それを乗り越える方策の一つが価格メカニズムを活用した需要シフトだ。朝のラッシュの山を低くできれば、その分は使用する車両や要員の数を減らせるので、投資や人員配置の効率化がかなりの程度、進むだろう。

（…中略…）

    人口減少が進むなかで、鉄道以外の公共交通やエネルギーなどのインフラビジネスでも需要の先細りが予想される。良質で安全なサービス水準を

維持するには、設備や人材などの経営資源を今まで以上に有効活用する必要がある。需要の山を低くする変動料金は、そのための一つの道筋である。

(*1) 平準化…均一にすること

(*2) 国交省…国土交通省

(*3) コロナ禍…新型コロナウイルス感染症が流行し、様々な問題が起きている状況

(*4) 「密」…ここでは、人が密集すること

（「日本経済新聞」2021 年 6 月 3 日付より一部改）

1. 「変動料金制」によってどんな効果が期待できると言っていますか。

　A. 利用客数の倍増

　B. 時間帯による利用率の均一化

　C. 運賃収入による収益の増加

　D. IC 乗車券の普及

2. 文章の内容と合っているのはどれですか。

　A. 変動料金制では、ラッシュ時の運賃は高く設定される。

　B. 変動料金制による顧客へのメリットはあまり期待できない。

　C. 長年の経営不振を打開するため、変動料金制が検討された。

　D. 人口が減っても、鉄道の需要は今後増加すると見込まれている。

問題Ⅲ　次の文を中国語に訳してください。

1. EC プラットフォームで服を買う時、オンライン試着機能を使えば、コーディネートの善し悪しを直観的に確かめることができる。

2. 都市のコミュニティでは、コード読み取りによる料理の注文や顔認証決済が市民に新しい体験をもたらし、スマート駐車場、顔認証による団地の出入り、ごみのスマート分別回収が日常生活に便利さをもたらしている。

3. 1 本のネットワークケーブルが都市と農村の教室をつなぎ、村の子どもたちも都市の優れた教育資源を享受できるようになっている。

4. 今日の中国には、世界最大規模のオンライン教育プラットフォームと全国統一の医療保険情報プラットフォームが構築され、遠隔医療は全国の県・区の

90％以上をカバーしている。

5. この 10 年に、デジタル技術が都市・農村間、地域間の優れた社会サービス資源の配置のアンバランスの問題を解決するための重要なサポートを提供している。

問題Ⅳ 最近見たニュースを下の欄に書いて、皆に紹介してください。

第 12 課 一帯一路

本文 🎧

「一帯一路」とは、「海と陸の現代版シルクロード」とも呼ばれ、インフラ建設の軸に中国主導の経済圏をつくる中国と欧州を結ぶ巨大な広域経済圏構想のことである。陸路で中央アジアを経てヨーロッパへと続くシルクロード経済ベルトが「一帯」、南中国海からインド洋を通りヨーロッパへ向かう 21 世紀海上シルクロードが「一路」と呼ばれる。

対象地域

シルクロード経済ベルトには三つのルートがある。中国西北、東北から中央アジア、ロシアを経てヨーロッパ、バルト海に至るもの、中国西北から中央アジア、西アジアを経てペルシア湾、地中海に至るもの、中国西南から中南半島を経てインド洋に至るものである。

21 世紀海上シルクロードには二つのルートがある。中国の沿海港から南中国海を通り、マラッカ海峡を経てインド洋に至り、ヨーロッパへ延伸するもの、中国の沿海港から南中国海を通り、南太平洋へ延伸するものである。

両者をあわせた五つのルートに基づき、「一帯一路」共同建設の協力の重点と地理的条件にあわせて、「六廊六路多国多港」という協力の枠組みを示した。

「六廊」とは、新ユーラシア・ランドブリッジ、中国・モンゴル・ロシア、中国・中央アジア・西アジア、

一帯一路（いったいいちろ）⑤「名」一带一路
現代版（げんだいばん）⓪「名」新版，当代版
軸（じく）②「名」核心，中心
シルクロード経済ベルト（シルクロードけいさいベルト）⑪「名」丝绸之路经济带
海上シルクロード（かいじょうシルクロード）⑧「名」海上丝绸之路
ルート①「名」路径

バルト海（バルトかい）③「名」波罗的海（斯堪的那维亚半岛和欧洲大陆之间的海域）
ペルシア湾（ペルシアわん）③「名」波斯湾

マラッカ海峡（マラッカかいきょう）⓪「名」马六甲海峡
延伸（えんしん）⓪「名・他サ」延伸

枠組み（わくぐみ）⓪④「名」框架
新ユーラシア・ランドブリッジ（しんユーラシア・ランドブリッジ）「名」新亚欧大陆桥

中国・中南半島、中国・パキスタン、バングラデシュ・中国・インド・ミャンマーの六大国際経済協力回廊を指す。

「六路」とは、鉄道、道路、海運、航空、パイプライン、情報網を指し、インフラの相互接続が主要な内容である。

「多国」とは、一群の先行協力諸国を指す。「一帯一路」沿線には数多くの国があり、中国は各国と平等に互恵協力を進めるとともに、実情にあわせてまずいくつかの国と協力し、デモンストレーション効果をねらい、「一帯一路」の理念に基づいた協力の成果を体現し、より多くの国の参加を促す。

「多港」とは、海上輸送主要ルートの安全性・円滑さを保障する若干の協力港を指す。一群の重要港湾と結節点となる都市を「一帯一路」沿線諸国と共同で建設することによって、海上協力を一段と盛んにする。

このように、「一帯一路」構想は中国主導で進められ、主にユーラシアの途上国を対象としている。

21世紀海上シルクロードの新しさ

21世紀海上シルクロードの新しさは、その新しい時代の視野、新しいトップデザイン、新しい協力モデル、新しい発展ビジョン、新しい精神の内包にある。

パキスタン②「名」巴基斯坦
バングラデシュ⑤「名」孟加拉国
ミャンマー①「名」缅甸
パイプライン④「名」輸油管道
先行（せんこう）⓪「名・自サ」先行，走在前头
互恵協力（ごけいきょうりょく）④「名」互惠合作
デモンストレーション効果（デモンストレーションこうか）⑩「名」示范效应，演示效果
海上輸送（かいじょうゆそう）⓪「名」海运
結節点（けっせつてん）④「名」节点
ユーラシア①「名」亚欧大陆
途上国（とじょうこく）②「名」发展中国家
トップデザイン④「名」顶层设计
協力モデル（きょうりょくモデル）⑤「名」合作模式
ビジョン①「名」前景；梦想，想象；愿景
内包（ないほう）⓪「名」内涵

　古代の海上シルクロードに比べ、新しい海上シルクロードの新しさは、まず「21 世纪」という未来に向けた時間座標にある。今の世界は、経済のグローバル化が深く発展し、地域一体化の進展が生き生きとして盛んで、国際構造におけるさまざまな深い調整と変化が、より公平公正的な国際秩序を呼びかけつつある。

　21 世紀海上シルクロードの新しさは、革新の協力モデルと発展ビジョンにもある。「一帯一路」の建設は、新常態に歩み入る中国が一層の対外開放を契機とし、政策、通路、貿易、通貨、民心のコネクティビティを血脈・経絡として、急速に発展する中国経済と沿線諸国の利益を結びつけ、中国の夢とアジア太平洋の夢、世界の夢とを共に織り成すよう力を尽くしてゆく。

　新時代、新モード、新ビジョンは、「平和協力、開放包容、相互学習と相互研究、互恵・ウィンウィン」のシルクロード精神を伝承の中で向上させ、21 世紀に特別に属する精神の内包にきっと注ぎ込まれるだろう。

　21 世紀海上シルクロードは、マーシャルプランではなく、モンロー宣言ではなく、また朝貢外交でもなく、更には「歴史貿易ルートの単なる再活性化」ではないことを歴史が証明している。この万里の波濤を乗り越えた新しいシルクロードは、国家間の平和協力や文明間の平等な付き合いの証人となる見込みだ。それは緊張状態を作り出すのではなく緩和させ、誤解を深めるのではなく解消するもので、沿線のすべての国に互恵・ウィンウィンと共同繁栄の福祉をもたらすだろう。

中国にとっての戦略的意義

　まず、さらなる改革開放のために必要である。近年、中国が経済発展において大きな成果を収め、国内総生産（GDP）が世界第 2 位、貿易の規模が世界一になったとはいえ、多くの課題にも直面している。たとえば、

グローバル化（グローバルか）⓪「名」全球化
国際構造（こくさいこうぞう）⑤「名」国際格局
呼びかける（よびかける）④「他一」呼吁，号召
革新（かくしん）⓪「名・他サ」革新

コネクティビティ④「名」互联互通

織り成す（おりなす）③「他五」编织出
包容（ほうよう）⓪「名」包容，宽容
ウィンウィン⑤「名」双赢
注ぎ込む（そそぎこむ）④「他五」注入；投入
マーシャルプラン⑤「名」马歇尔计划
モンロー宣言（モンローせんげん）⑤「名」门罗宣言
朝貢（ちょうこう）⓪「名・自サ」朝貢
波濤（はとう）⓪「名」波涛
緩和（かんわ）⓪「名・自他サ」緩和

さらなる①「連体」更，越发

直面（ちょくめん）⓪「名・自サ」面临，面对

東部と中西部の格差問題である。中西部が飛躍的な発展を遂げるには、東部からの生産能力の移転を加速させ、中西部地域と隣国間の交流と協力を強化しなければならない。これまでの中国経済の成長は、東部沿海地域における率先した対外開放の恩恵を受けたものであり、海外からの直接投資と先進国市場に頼っていた。しかし、現在、中国は対外開放と海外進出を同様に重要視するようになり、先進国だけでなく、開発途上国との経済協力の強化も目指すようになった。「一帯一路」構想はまさにその一環である。

また、アジアにおける地域協力のために必要である。アジアは世界経済の牽引役であり、経済のグローバル化の担い手でもあるが、その一方で、多くの問題に直面している。たとえば、アジア地域の一体化は、ヨーロッパ、北米と比べると遅れている。特に、アジア各地域間で発展の格差が大きく、連携が少なく、交通インフラがつながっていないことが地域協力の障害となっている。そのうえ、貿易・投資・エネルギーをめぐる国際環境が大きく変化しているなかで、アジア諸国は経済高度化の正念場を迎えようとしている。「一帯一路」構想は、南アジア、東南アジア、西アジア、そしてヨーロッパの一部の地域をつなぎ、アジア全体の発展を推進する。「一帯一路」構想は、インフラ建設と制度改革を促進するなど、地域内と関連国家のビジネス環境の向上に寄与する。

そして、世界の平和と発展のために必要である。古代のユーラシア大陸は多くの戦争と苦難を経験してきたが、シルクロードは一貫して平和、協力、友好の象徴であった。シルクロード沿いの各国は商品、人員、技術、思想などの交流を通じて、経済・文化・社会の前進、異なる文明どうしの対話と融合を促進してきた。古代シルクロードでみられた平和、友好、開放、包容、

格差（かくさ）①「名」差距，差別

率先（そっせん）⓪「名・自サ」率先，帯頭
先進国（せんしんこく）③「名」发达国家

牽引役（けんいんやく）⓪「名」帯头角色；火车头
担い手（にないて）⓪④「名」肩负重任的人

連携（れんけい）⓪「名・自サ」联合，合作，协作

正念場（しょうねんば）⓪「名」关键时刻，紧要关头

寄与（きよ）①「名・自サ」贡献

ウィン・ウィンの精神は中国だけではなく、世界にとっても貴重な財産であり、無形文化遺産でもある。古代シルクロードの精神を継承しながら、新しい時代の特徴を取り入れる「一帯一路」構想は、世界の平和と発展に貢献できる。（外交部副部長の張業遂より）

取り入れる（とりいれる）④⑤「他一」引進，导入
貢献（こうけん）⓪「名・自サ」贡献

解　説

① 両者をあわせた五つのルートに基づき、「一帯一路」共同建設の協力の重点と地理的条件にあわせて、「六廊六路多国多港」という協力の枠組みを示した。／根据上述五大方向，按照共建"一带一路"的合作重点和空间布局，中国提出了"六廊六路多国多港"的合作框架。

文法： 〜に基づき／に基づいて／に基づく／に基づいた

接続： 名詞＋に基づき／に基づいて／に基づく／に基づいた

意味： 表示根据。"根据……"；"按照……"；"基于……"。

例文： ① 実験結果に基づき、論文を書く。／根据实验结果写论文。
　　　　② この本は事実に基づいて書かれた。／这本书是根据事实写的。
　　　　③ 観光地の案内書に基づき、行動する。／按照景点的导游手册行动。

② 今の世界は、経済のグローバル化が深く発展し、地域一体化の進展が生き生きとして盛んで、国際構造におけるさまざまな深い調整と変化が、より公平公正的な国際秩序を呼びかけつつある。／当今世界，经济全球化深入发展，区域一体化风生水起，国际格局的诸般深度调整和变化，呼唤着更加公平公正的国际秩序。

文法： 〜つつある

接続： 動詞連用形（ます形）＋つつある

意味： 表示某状态正朝着某方向逐步发展。"正在……"；"渐渐地……"。

例文： ① 近年、人口は年々減少しつつある。／近几年，人口在逐年减少。
　　　　② 新エネルギー車を買う人が増えつつある。／购买新能源汽车的人在增加。
　　　　③ 科学技術の進歩とともに、生活スタイルも変わりつつある。／随

着科技的发展，人们的生活方式也在不断变化。

---

3 「一帯一路」の建設は、新常態に歩み入る中国が一層の対外開放を契機とし、政策、通路、貿易、通貨、民心のコネクティビティを血脈・経絡として、急速に発展する中国経済と沿線諸国の利益を結びつけ、中国の夢とアジア太平洋の夢、世界の夢とを共に織り成すよう力を尽くしてゆく。/ "一带一路"建设，以步入新常态的中国进一步对外开放为契机，以政策、道路、贸易、货币、民心的互联互通为血脉经络，致力于把快速发展的中国经济同沿线国家的利益结合起来，把中国梦与亚太梦、世界梦编织在一起。

文法: ～を契機として

接続: 名詞＋を契機として

意味: "以……为契机"；"以……为开端"；"以……为起因"。

例文: ① 定年を契機として、ピアノを習おうと決意した。/ 以退休为契机，决定学习钢琴。

② 病気を契機として、タバコをやめることにした。/ 以生病为起因，决定戒烟。

③ 失敗を契機として、今までのやり方を考え直す。/ 以失败为契机，重新思考之前的做法。

---

4 近年、中国が経済発展において大きな成果を収め、国内総生産（GDP）が世界第2位、貿易の規模が世界一になったとはいえ、多くの課題にも直面している。/ 近年来中国经济取得了很大的成绩，国内生产总值（GDP）跃居世界第二，货币贸易量世界第一，但是中国的发展还面临诸多困难。

文法: ～とはいえ

接続: 文の普通形＋とはいえ

意味: "虽说……，但是……"；"尽管如此……"。

例文: ① 王さんは大学生とはいえ、もう社会人になった。/ 虽说小王是大学生，但他已经是社会的一员了。

② もう3月になったとはいえ、まだ寒い。/ 虽然已经是3月份，但天气还是冷。

③ 遠いとはいえ、車で15分ぐらいだ。/ 虽说远，但开车只要15分钟左右。

5 そのうえ、貿易・投資・エネルギーをめぐる国際環境が大きく変化しているなかで、アジア諸国は経済高度化の正念場を迎えようとしている。／又比如全球贸易投资和能源格局发生深刻变化，亚洲国家处于经济转型升级关键阶段。

文法：　～をめぐる

接続：　名詞＋をめぐる／めぐって／めぐり

意味：　"围绕……"；"就……"。

例文：　① 伝統文化の革新をめぐるアイディアを募る。／就传统文化的创新征求方案。

　　　　② 日本語の曖昧語をめぐって議論する。／围绕日语中的模糊表达展开讨论。

　　　　③ 大気汚染をめぐる対策をたてる。／制定应对大气污染的方案。

練習問題

問題Ⅰ　次の質問に答えてください。

1. 「一帯一路」とは何ですか。
2. 「一帯」とは何ですか。「一路」とは何ですか。
3. シルクロード経済ベルトのルートはいくつありますか。どうなっていますか。簡単に説明してください。
4. 21 世紀海上シルクロードのルートはいくつありますか。どうなっていますか。簡単に説明してください。
5. 一帯一路の五つのルートに基づき、「一帯一路」共同建設の協力の重点と地理的条件にあわせて、どういう枠組みを示しましたか。
6. 「六路」とは何ですか。
7. 21 世紀海上シルクロードの新しさはどこにありますか。
8. 古代シルクロードの精神は何ですか。
9. 21 世紀海上シルクロードの精神は何ですか。
10. 「一帯一路」は中国にとっての戦略的意義は何ですか。

問題Ⅱ 読解

（一）次の文章を読んで問題に答えなさい。答えはＡ・Ｂ・Ｃ・Ｄの中から最も適当なものを１つ選びなさい。（J.TEST A-C級第151回）

＜書評＞

『世界が認めたニッポンの居眠り 通勤電車のウトウトにも意味があった』
ブリギッテ・シテーガ 著／畔上司　訳（阪急コミュニケーションズ）

居眠りしても 叱られないかも

石飛伽能

通勤途中の車内で眠りこむサラリーマンにＯＬ。昼食後、ライトバンの中で爆睡する職人たち。コンサートや観劇中に（*1）舟を漕ぐ観客。授業中に机に突っ伏す生徒。議会中にうとうとする国会議員。

こうした光景は、ニッポンを訪れる外国人を少なからず驚かせる。眠りというプライベートな行為が、これだけ大っぴらに公的な場所で行われていることに驚愕する。

勤勉で知られる日本人なのに、怠惰なイメージの強い日中睡眠をこれほど日常的に行っているとはなんたる（　Ａ　）。

こうして、日本国外で唯一、文化的な視点から日本の居眠りを研究するケンブリッジ大学の文化人類学者は、壮大な「居眠り」論を繰り広げる。

（*2）平安・鎌倉の（*3）絵巻きを引用してすでに居眠りが広まっていたこと、19世紀末まで日本では十二支で時間を表す不定時法が採用されていたこと、いつでも寝室スペースを作れる布団文化があることなどを紹介し、日本の居眠りの歴史背景を探っていく。

（…中略…）

70年代から日本人が余暇を積極的に楽しむようになり、もともと短かった夜間睡眠がさらに短縮されたという経緯にもなるほどと思わされる。

さらに、安心して電車内で眠ることができるほど、日本は安全であるという説とは真逆の仮説も登場する。動物は周囲の危険から身を守るために、熟睡を避けて短い眠りを積み重ねる。これと同様、日本人がよく居眠りをするのは、安全だからではなく、長い歴史上、その逆の環境だったからで

はないかという仮説だ。

　いずれにしろ、現代の（*4）趨勢は８時間睡眠至上主義に（*5）懐疑的になっている。グローバル化と人工的な（*6）白夜時代にあっては、夜間睡眠の短縮化が推奨され、日本の居眠りは効率的な「イネムリ」として注目されているのだという。

（*1）舟を漕ぐ…居眠りをする

（*2）平安・鎌倉…平安時代（794 〜 1185 年）と鎌倉時代（1185 〜 1333 年）

（*3）絵巻き…紙に物語などを絵で表して巻いたもの

（*4）趨勢…社会の流れ

（*5）懐疑的…疑っている状態

（*6）白夜…太陽が一日中出ていて薄明るい夜

（「AERA」2013 年 10 月 14 日号より一部改）

1. （ A ）に入る言葉はどれですか。

　A．矛盾　　　　　B．無礼　　　　　C．無駄　　　　　D．迷惑

2. 日本の居眠りについて、紹介されている本の内容と合っているのはどれですか。

　A．日本人の余暇が増えた時代に日本の居眠りは生まれた。

　B．短縮傾向にある夜間睡眠を補うものとして意味がある。

　C．日本の治安の良さが日本人の居眠りを助長している。

　D．怠惰な風習であるが、夜間睡眠のとり方次第で改善できる。

（二）次の文章を読んで問題に答えなさい。答えはA・B・C・Dの中から最も適当なものを１つ選びなさい。（J.TEST A–C 級第 150 回 ）

中身より印象が重要

　「中身より印象が重要」とは、すなわちインターネットの特性そのものといえます。その制限のない情報量によって、ネットではかえってすべての情報を理解し、コミュニケーションすることが難しくなりました。パッと

見の印象や受け手の勝手なイメージが、情報そのものより大きな影響を持つことが少なくありません。

（…中略…）

　このような環境で情報を伝えるには、「明確に」「シンプルに」表現する必要があります。「誰でもわかる」ことや、誤解やミスリードを生じにくくさせる工夫は、これまで以上に重要性を増しているのです。ネットへの対応以前の基本的な留意点ですが、表情や話し方まで、「わかりやすい」ことが必要です。とくにビジネスで生じたトラブルに対する謝罪では、事態を客観的に説明しよう、誤解を解こうという意識がどうしても働きやすいので、「わかりやすい」ことより「正しい説明」に軸足を置くかたちになりがちです。正しい説明を意識すると、ともすれば説明口調になりやすいうえ、「遺憾に存じます」のような言葉遣いをしてしまいがちです。（　Ａ　）という言葉があるように、正確でていねいな表現ではあってもネガティブな印象に取られる危険性があります。

（増沢隆太『謝罪の作法』ディスカヴァー・トゥエンティワンより一部改）

1. （　Ａ　）に入る言葉はどれですか。ローソンについて、文章の内容と合っているのはどれですか。
   A. 平身低頭　　　　　　　　　　B. 厚顔無恥
   C. 慇懃無礼　　　　　　　　　　D. 傍若無人

2. 文章の内容と合っているのはどれですか。
   A. 謝罪の説明は正確さが求められる。
   B. 誤解を解こうという気持ちがあればネガティブな印象に取られない。
   C. 本当に謝罪する気持ちがあるなら、表情を変えることだ。
   D. 正しく説明すれば誤解が解けるとは限らない。

　問題Ⅲ　次の文を中国語に訳してください。

1. 陸路で中央アジアを経てヨーロッパへと続くシルクロード経済ベルトが「一帯」、南中国海からインド洋を通りヨーロッパへ向かう 21 世紀の海上シルクロードが「一路」と呼ばれる。

2. 「一帯一路」沿線には数多くの国があり、中国は各国と平等に互恵協力を進めるとともに、実情にあわせてまずいくつかの国と協力し、デモンストレーション効果をねらい、「一帯一路」の理念に基づいた協力の成果を体現し、より多くの国の参加を促す。

3. 新時代、新モード、新ビジョンは、「平和協力、開放包容、相互学習と相互研究、互恵・ウィンウィン」のシルクロード精神を伝承の中で向上させ、21世紀に特別に属する精神の内包にきっと注ぎ込まれるだろう。

4. アジアは世界経済の牽引役であり、経済のグローバル化の担い手でもあるが、その一方で、多くの問題に直面している。

5. シルクロード沿いの各国は商品、人員、技術、思想などの交流を通じて、経済・文化・社会の前進、異なる文明どうしの対話と融合を促進してきた。

問題Ⅳ 最近見たニュースを下の欄に書いて、皆に紹介してください。

附录　课文参考译文及课后练习答案

第 1 课　民 间 故 事

课文 1　织女与牛郎织女的爱情故事

很久很久以前，有一个诚实的青年。他的工作是照顾牛。因此人们称他为牛郎。

牛郎的父母很早就去世了，他每天都受到一起生活的嫂子的虐待。

有一天，牛郎被嫂子赶出了家门。牛郎非常痛心，进了深山。在那里他遇到了一头受伤的老牛。牛郎很仔细地照顾受伤的老牛。

老牛说："我本来是住在天上的牛仙。但是，我犯了天规，被放逐到人间了。"老牛的伤就是掉到地上时造成的。

不久，老牛的伤愈合后，它就开始和牛郎一起生活了。

有一天，在天上的织女来到人间，在河里洗澡。老牛看到后告诉牛郎，那是天上的织女。在老牛的帮助下，牛郎认识了织女。两人相识之后，很快坠入了爱河。

之后，织女便偷偷下凡，和牛郎见面了。生活在人间的牛郎和天上的织女不久就结婚了，他们生了两个孩子。一家人生活得很幸福。

但是好景不长，这件事被住在天上的神仙知道了。织女的母亲知道了这件事很生气，把女儿从人间强行带回了天上。

失去了织女的牛郎走投无路了。老牛看到牛郎束手无策的样子，对牛郎说："等我死了，你就用我的皮做一双鞋，穿上那双鞋，就可以上天。"

老牛死后，牛郎按照老牛说的用老牛的皮做了一双鞋。牛郎穿着那双鞋，和孩子一起去了织女生活的天上。

织女的母亲看到来到天上的牛郎和孩子，大吃一惊。织女的母亲非常生气，从头发上拔出金簪，在空中一挥。于是，出现了汹涌的巨浪，变成了天河。牛郎和织女又被分开了，两人只能在两岸相对哭泣流泪。

喜鹊远远地看着他们的样子，被两人深深的爱所感动。被打动的喜鹊带来千万只同伴，在天河上建造了一座鹊桥。织女的母亲被喜鹊感动，决定认可两人的关系。然后每年一次，

即七月七日"七夕"，允许织女和牛郎见一次面。

　　就这样，七夕节作为浪漫的爱情故事，被称为"中国的情人节"。

课文2　仙鹤报恩

　　很久以前，有个地方住着一位老爷爷和一位老奶奶。两人虽贫苦，却非常亲切和蔼。在一个寒冷的下雪天，老爷爷出门到市镇去卖木柴，在回家途中，发现有只仙鹤被套在捕鸟器上，就救了仙鹤。

　　回到家里，老爷爷就跟老奶奶说了那件事。一说完，门口就传来一阵敲门声。老奶奶把门打开，那里站着一位美丽的姑娘。她说在雪中迷路了，于是借宿了一宿。第二天、第三天，雪下个不停。姑娘心善，为二老烧饭、洗衣，什么家务都做。

　　有一天晚上，姑娘说："我想织美丽的布匹。可以买些线回来给我吗？"

　　老爷爷立刻买来了线。姑娘要开始织布时，说："在我织布期间请绝对不要朝屋里看。"

　　姑娘把自己关在房间里，一整天在织布，到了夜晚也不出来。第二天、第三天都在不停地织布。第三天的夜晚，姑娘手上拿着一卷织好的布匹，走了出来。那的确是他们从未见过的美丽的织锦。

　　"这叫仙鹤的织锦。请明天拿到市镇去卖吧，然后请再买些线回来。"

　　第二天，老爷爷去市镇，以很高的价钱卖了仙鹤的织锦，还买了线和其他的物品。第二天，姑娘又开始织布了。第三天过去的时候，老奶奶窥视了姑娘织布时的情景。她看见仙鹤在织布，大吃一惊。仙鹤正用长嘴拔下身上的羽毛混进线里织布。那天夜里，姑娘拿着织锦从房里走了出来。

　　"爷爷、奶奶，我是被困在捕鸟器上被救出来的仙鹤，为了报恩来这里的。既然我的真身被识破了，就再也不能留在这里了。这段日子，非常感谢你们。"她道完谢后，变成仙鹤，往山的方向飞去了。

练习参考答案

▌問題Ⅰ

1. 牽牛は兄嫁から家を追い出されてとても心を痛めたからです。
2. 老牛はもともと天界に住む牛の仙人でした。天の規則を破ってしまい、地上に追放されてしまったんです。
3. 天界にいた織姫が地上に下りてきて、川で水浴びをしていたことを牽牛に教えました。
4. 牽牛は老牛の皮で靴を作りました。
5. 老牛の皮で作った靴を履いたからです。

6. カササギは二人の深い愛に感動して、天の川にカササギの橋を作りました。

7. （略）

8. お爺さんは町へ薪を売りに出かけて、その帰りに、罠にかかっている一羽の鶴を見つけて、助けてやりました。

9. 「雪の中で道に迷ってしまった」と言いました。

10. 鶴は羽根を抜いて糸に織り込んだのは恩返しするためです。

‖ 問題Ⅱ

（一）1. B　2. B

（二）1. B　2. C

‖ 問題Ⅲ

1. 牛郎的父母很早就去世了，他每天都受到一起生活的嫂子的虐待。

2. 失去了织女的牛郎走投无路了。老牛看到牛郎束手无策的样子，对牛郎说。

3. 织女的母亲非常生气，从头发上拔出金簪，在空中一挥。于是，出现了汹涌的巨浪，变成了天河。

4. 姑娘把自己关在房间里，一整天在织布，到了夜晚也不出来。第二天、第三天都在不停地织布。

5. 这叫仙鹤的织锦。请明天拿到市镇去卖吧，然后请再买些线回来。

‖ 問題Ⅳ （略）

第2课　新年各种各样的风俗

课文1　春节各种各样的风俗

有 4000 多年历史的中国春节指的是农历新年，被认为是中国最重要的节日。除夕夜（每年的最后一晚）到农历正月十五这段时间为春节，离开老家到远方工作的人们，都会回到家乡，度过一段全家团圆的时光。另外，春节期间全国各地都会举办各种各样的活动，每个地区都有富于特色的民族风俗。

每年春节前，家家户户都会大扫除，除夕那天大门正面两边都会贴上春联。另外，贴窗花就是在窗户上贴剪纸工艺品，是中国各地自古流传下来的春节习俗。用红纸剪成象征生肖和吉祥的图案，贴在窗户上庆祝春节。

到了除夕的深夜 12 点，新年就开始了。为了驱魔，家家户户都会放鞭炮，用巨大的爆裂声演绎热闹的气氛，带来喜悦和幸福。但随着时间的推移，鞭炮被视为危险物品，许多

城市都禁止燃放鞭炮。现在只有在乡村和地方的小城市保留着鞭炮文化。

除夕有全家团圆边吃边喝吃年夜饭的习惯。年夜饭的菜品也讲究吉利，比如炒生菜是"生财"的意思，由于蒸鱼的"鱼"和"余"的发音一样，意味着"年年有鱼"，蕴含着人们的期待，希望每年都能过上有余钱的宽裕生活。

对孩子们来说，吃年夜饭后的乐趣就是压岁钱。因为孩子容易受到坏东西的影响，所以压岁钱包含了消灾、平安地度过新的一年的意思。

正月初一和初二，拜访亲戚朋友家，进行新年的问候，祈祷成为好的一年。这种问候用中文说就是"拜年"。

"拜年"首先从家人开始。春节早上起床后，首先，晚辈的孩子向父母长辈等拜年，祝他们健康长寿、一年顺利。然后收到祝福的父母们把准备好的压岁钱分发给孩子。给家人拜完年后，外出拜访附近邻居，每见到人都会拜年，祝福这一年会是美好的一年。另外，在家里准备糖和点心等，招待来拜年的人。

到了初二，手提礼物去拜访亲戚朋友。另外，已婚女性带着丈夫和孩子，拿着很多礼物回娘家。这时，女方的父母会设宴款待。

课文 2　新年各种各样的风俗

在日本 1 月 1 日是新年，12 月 31 日除夕是感谢平安度过了一年，准备迎接新的一年的日子。

到了新年 1 月 1 日，日本全国就一下子充满了庆祝的气氛。因为在元旦，带来幸福的神——"年神"会降临到各个家庭。

为了愉快地迎接新的一年，在大年三十日本人会进行大扫除。怀着对一年来承蒙关照的公司事务所和自己家的感谢之情，全体员工和全家人都会仔细打扫。日本的很多公司在 28 日左右进行大扫除之后就开始年休。

为了年神能找到家，人们会在家门口装饰门松作为标记。稻草绳是为了迎接年神，在打扫干净的地方装饰的物品。

如果在门口装饰门松和稻草绳，年神就会来，气氛也会变成新年模式。自古以来，松树就被认为有神灵寄宿，所以以前日本人家的院子里种着松树。以前是雄松和雌松，但是在现代，进化成了添加了竹子和梅花等的吉祥物。

除夕夜一般会怀着"希望能像荞麦面一样福寿绵长"的愿望吃"跨年荞麦面"。吃跨年荞麦面的习惯是从江户时代开始的。因为荞麦面细长，所以吃荞麦面是为了延续家人的缘分，以及为了祈求长寿和健康。因为荞麦面容易断，所以也有为了切断一年的灾难而吃的意思。

吃跨年荞麦面的时间一般是晚饭时间，但是有的地区像福岛县和长野县等的部分地区

一样，在元旦吃跨年荞麦面。在享有"乌冬县"盛名的香川县，也有一些地方吃乌冬面来代替跨年荞麦面。

除夕夜的深夜，在日本各种各样的寺庙里敲响的 108 次钟声被称为"除夕之钟"。包含了通过敲钟，将烦恼和心中讨厌的东西一个一个地去除，用纯洁的心迎接新年的意思。108次的钟声中，107 次是在过年之前，最后一次是怀着"希望能成为幸福的一年"的想法，在新年到来的瞬间敲响。

练习参考答案

▌问题Ⅰ

1.（略）

2. 中国で大晦日の日に門の正面の両脇に春聯を貼ります。また、窓に窓花を貼ります。

3. 魔除けのためです。

4. 炒めレタスは生財を意味し、蒸し魚は「毎年お金が残るゆとりある生活が送れるように」という願いが込められています。

5. 子どもは悪いものから影響を受けやすいため、お年玉によって、「厄払いをし、新しい一年を平和に過ごせるように」という意味が込められています。

6.（略）

7. 1年間お世話になった会社事務所や自分の家に感謝の気持ちを込めて、社員や家族全員で丁寧に掃除を行います。

8. 玄関先に門松と注連飾りを飾れば、年神様がやってきてくれて、気分もお正月モードになります。

9. 日本で大晦日の夜には「お蕎麦のように、細く長く生きられますように」という願いを込めて「年越し蕎麦」を食べます。

10. 鐘をつくことで、悩みや心の中の嫌なものを1つ1つ取り除いて、清らかな心で正月を迎えようという意味が込められています。

▌問題Ⅱ

（一）1. A　2. D

（二）1. B　2. D

▌問題Ⅲ

1. 贴窗花就是在窗户上贴剪纸工艺品，是中国各地自古流传下来的春节习俗。

2. 因为孩子容易受到坏东西的影响，所以压岁钱包含了消灾、平安地度过新的一年的意思。

3. 春节早上起床后，首先，晚辈的孩子向父母长辈等拜年，祝他们健康长寿、一年顺利。

4. 怀着对一年来承蒙关照的公司事务所和自己家的感谢之情，全体员工和全家人都会仔细打扫。

5. 108 次的钟声中，107 次是在过年之前，最后一次是怀着"希望能成为幸福的一年"的想法，在新年到来的瞬间敲响。

問題Ⅳ　（略）

第 3 课　有代表性的中国料理和日本料理

课文 1　有代表性的中国料理

中国料理是指在中国用各种各样的食材，用当地的烹调方法制作而成的料理。大部分的中国料理是由家庭料理发展而来的。

上海料理

上海位于中国的东部地区，在日本，说起上海料理，有时也指中国的上海、扬州、苏州、南京等地的料理。也就是说，上海料理是在上述地方所享用的料理。

上海料理的价格在日本也是较高的，其特点是食材以海产品居多，口味较甜。上海料理是用蟹、鲍鱼、虾等新鲜食材制作的，其味道与日本料理不同。

图中就是上海料理中有名的大闸蟹。到了当季，在饮食店里随处可见享用大闸蟹的人。大闸蟹虽小，但塞满了蟹黄，真的很好吃。

北京料理

北京料理指北京及天津、河北等周边地区的地方料理。这些地方料理以重口味居多且色彩纷呈，因此赏心悦目是其特点。

这可是有根据的，据说北京料理来自古代北京的中国贵族享用的精致的宫廷料理。

因为北京料理大多是以前皇帝等贵族饮食的重现，所以分量少、种类多。其装盘方式感觉和日本料理有些类似。

广东料理

在口味清淡的众多广东料理中，也有酸辣口味的家庭料理。

此外，在日本也有名的饮茶（一种中华料理，广式早茶）就来自广东料理。广东的沿海地域水产丰富，既能享用到用鱼翅和燕窝制作的高级料理，也能以合理价格吃到用扇贝、牡蛎等食材制作的美食。

四川料理

川菜是中国西部的料理，有时也指四川等地的地方料理。这些地方料理使用大量的辣

椒、花椒等香辣调料，总之以辛辣料理居多是其特点。

当地人说的"麻辣"是表达辛辣的词语，"麻"是吃过川菜后舌和嘴唇火辣辣的一种辣，"辣"表示辣椒的辣。

四川位于中国内陆，自古被称作"天府之国"，是物产和食材丰富的地区。但是因四川是被山环绕的盆地，所以夏天酷热难耐。出于人体在炎热的夏天排毒的考虑，以及为了打开在寒冷的冬天堵塞的毛孔，在料理中产生了通过吃辛辣食物排汗等健康养生法。

课文2　日本料理

日本料理是按照日本各地的风土习俗产生的，自古以来是日本人熟悉的饮食文化。日本四季分明，很多料理使用时令食材，注重食物的原始味道。2013年，日本料理作为"日本的传统饮食文化"被联合国教科文组织列为非物质文化遗产，之后日本料理在国外越来越受欢迎。

日本料理的基本组合形式是"米饭""汤""小菜"和"酱菜"。以"米饭"为中心，加入"汤"和"小菜"等。例如米饭加一道味噌汤或清汤、高汤，为"一汤"。此外，搭配主菜（通常使用肉类和鱼）、一两种副菜（拌菜、凉拌菜等），被称为"二菜""三菜"。这些搭配被称为"菜单"，从平安时代末期一直传承到现在，历史悠久。

含有很多食材的酱汤和加入菜、肉蒸的焖饭，也有配菜的作用，所以与配菜的数量相比，更要用心搭配以鱼和肉为主的主菜。若副菜是将各种蔬菜搭配，或者采用身边的时令蔬菜、海产品、肉类等食材，自然会做出营养均衡的料理。

除了传统的日本料理外，还有一些来自海外的菜肴，随着时间的推移，逐渐转变为日本独特的料理。咖喱饭、咖喱乌冬面、拉面、炸牛肉薯饼、蛋包饭、炸猪排、夹馅儿面包等都是用海外食材按照日本的饮食习惯制作而成的料理。用酱油调味的土豆炖牛肉、寿喜锅也是用海外食材制作而成的日式料理。

日本春夏秋冬四季分明，日本料理一直以来采用当季才能品尝到的各种食材。这种食材被称为"旬"（季节，应季）。

此外，日本南北狭长，被大海和山脉包围，各地区风土不同，由此孕育出了当地特有的传统食材和传统料理。我们称之为"乡土食"或者"乡土料理"。

练习参考答案

問題 I

1. 中華料理とは、中国において、多種多様な食材で、その土地にあった料理方法で作り上げる料理を指しています。

2. 上海料理は一般的に日本でも高価なもので、魚介類をたくさん使った、甘味が強い

のが特徴となっています。

3. 北京料理です。味付けが濃く、色とりどりに飾られている料理が多いため、料理を目で楽しむことができるのが特徴です。

4. あっさりした味が多い広東省の料理の中で、辛く酸っぱい家庭料理も存在します。

5. 中国大陸の内陸部に位置する四川地方は、古くから「天府の国」と呼ばれます。物質や食材に恵まれている地方です。しかし、この土地は四方を山に囲まれた盆地となっていますから、夏は特に暑い酷暑となります。

6. （略）

7. 2013年に、「日本人の伝統的食文化」としてユネスコ無形文化遺産に登録されたからです。

8. 和食は、「ごはん」「汁物」「おかず」「漬け物」の組み合わせが基本形です。

9. 南北に細長く、海や山に囲まれた地形です。

10. 日本では地域ごとに風土が異なり、各地にその土地ならではの伝統的食材や伝統料理が生まれました。それを「郷土料理」といいます。

問題Ⅱ

（一）1. B　2. C

（二）1. A　2. B

問題Ⅲ

1. 上海料理是用蟹、鲍鱼、虾等新鲜食材制作的，其味道与日本料理不同。

2. 因为大多是以前皇帝等贵族饮食的重现，所以分量少、种类多，其装盘方式感觉和日本料理有些类似。

3. 四川位于中国内陆，自古被称作"天府之国"，是物产和食材丰富的地区。

4. 日本四季分明，很多料理使用时令食材，注重食物的原始味道。

5. 除了传统的日本料理外，还有一些来自海外的菜肴，随着时间的推移，逐渐转变为日本独特的料理。

問題Ⅳ　（略）

第4课　传统服装

课文1　旗袍和汉服

旗袍

说起中国的传统服装，我们首先想到的是女性穿的旗袍吧。

合身的旗袍很漂亮，引人注目。

"チャイナドレス"汉语为"旗袍"，有"旗之服"的意思。

到底为什么会有"旗"这个字呢？要了解其原因，需要追溯其历史背景。

实际上旗袍以前不是汉族服饰，而是满族的民族服饰。

满族原本是生活在草原上的骑马民族，以前发生战争的时候会举旗策马。

中国最后的王朝"清朝"是由居住在现在的东北地区的满族建立的。

满族称军人为"旗人"，其军事和政治由八个组织"八旗"执行。再加上他们穿的服装是"旗人的着装"，因此被称作"旗袍"。

因为是骑马民族，女性也骑马奔走。这时将腿放在马身两侧，为了防风，穿着的服装两侧开了衩，这就是旗袍最明显的特点——开衩的由来。

后来汉族人也开始穿旗袍，旗袍作为结婚服装流行起来。

辛亥革命后清朝结束，中国进入民国时代，中国人的民族意识增强，20 世纪 20 年代中期，旗袍设计得到了改进。这是现在普通旗袍的起源。

旗袍现在经常出现在派对穿着中。

与其说旗袍是"满族的民族服装"，不如说它是中华民族的代表性的服装吧。

汉服

汉服整体上是宽松的，给人一种优雅的印象。其特点为男式和女式汉服都有领子，连衣裙一样的上下相连的前开式衣服上系有带子。袖子宽大，下摆很长，长及地面；下面的裙子或裤子，可以隐藏脚。

除上下一体的汉服外，还有上下分体的"上衣下裳"，这种样式规格更高，是官吏和皇帝在正式场合的着装。

汉服随着时代而不断变化，比如几件衣服套着穿，或者为方便行动而将其轻装化。

近年来，中国年轻一代掀起了汉服热潮，我们再次看到人们穿着汉服。汉服受到年轻人欢迎的主要原因之一是 SNS，许多年轻人通过 SNS 的照片和视频感受到了汉服的魅力，甚至有人自己也穿上了汉服。

年轻人所穿的汉服形式多样，既有穿融入了现代设计的汉服的人，也有搭配运动鞋和背包穿汉服的人。在公园和旅游景点，可以看到有人穿着汉服拍照留念，其中也有年轻人将汉服作为日常服装来穿。

课文 2 日本的和服

在现代日本，穿和服的机会就是在成人仪式、宴会、烟火大会等场合，可以说非常有限。此外，有些人在穿和服时会感到紧张，会不自觉地伸直腰背。面向海外游客的和服租

赁店生意兴隆，毫无疑问，和服对外国人而言也是很有吸引力的。

　　和服是日本的民族服装。在被大海和山脉包围的丰富自然和四季变化中，日本人的祖先培养了独特的审美意识，和服就展现出了其审美意识。和服的布料和图案有一些是符合日本微妙的四季变化的。可以说，这正是和服独有的奢华。

　　和服是日本人引以为傲的传统工艺的结晶。和服和腰带使用了日本的传统工艺。西阵织、京友禅、加贺友禅、大岛绸、黄八丈等，作为传统工艺技术在各地传承了下来。

　　和服在漫长的历史中不断变化并得以传承，是日本引以为豪的传统文化之一。只有和服才能展现出日本人强大的内在力量、柔软性和高雅。虽然在日常生活中很少有机会穿，但现在在重要场合还是要穿和服的。儿童节、成人仪式、去神社祈福等活动，练习茶道、花道、日本舞蹈、剑道、弓道等场合，和服是必不可少的。如果你穿和服去欣赏歌舞伎和能剧，会增强氛围，引起周围的人的关注。此外，和服的美妙之处还在于，如果保管得当，可以祖母传给母亲，母亲传给女儿，代代相传。

　　在我们日常不经意的日语表达、小说、戏剧台词中都有与和服相关的内容，这一点你注意到了吗？比如"正襟危坐""割袍断义""有条有理"和"循规蹈矩"等惯用语。可见，和服在日本人的生活中已根深蒂固。

练习参考答案

‖ 問題 Ⅰ

1. チャイナドレスは、中国語で「旗袍」（チーパオ）と言い、「旗の服」という意味があり、「旗人の着る服」という意味で「旗袍」と呼ばれていました。

2. 辛亥革命で清朝が倒れ民国になると、民族意識が高まり、改良したデザインが 1920 年代半ばに登場しました。これが現在の一般的なチャイナドレスの源流と考えられています。

3. 現在では、パーティードレスとして着用されることが多くなっています。

4. 漢服は全体的にゆったりとしたつくりで、優雅な印象のある衣装です。男女ともに襟があり、ワンピースのように上下がつながった前開きの衣に帯を締めたスタイルが特徴です。

5. 上下が別々になっているのが「上衣下裳（裳はスカート）」と呼ばれます。

6. 漢服は時代によって何枚も重ね着したり、動きやすいように軽装化したりと、変化を繰り返してきた衣服でもあります。

7. 日本の民族衣装は着物です。

8. 着物の中には、日本の繊細な四季の変化に合わせた素材・絵柄もあります。

9. 成人式・披露宴・花火大会などの場面です。

10.（略）

问题Ⅱ

（一）1. B　2. D

（二）1. D　2. B

问题Ⅲ

1. 辛亥革命后清朝结束，中国进入民国时代，中国人的民族意识增强，20世纪20年代中期，旗袍设计得到了改进。这是现在普通旗袍的起源。

2. 除上下一体的汉服外，还有上下分体的"上衣下裳"，这种样式规格更高，是官吏和皇帝在正式场合的着装。

3. 汉服受到年轻人欢迎的主要原因之一是SNS，许多年轻人通过SNS的照片和视频感受到了汉服的魅力，甚至有人自己也穿上了汉服。

4. 和服和腰带使用了日本的传统工艺。西阵织、京友禅、加贺友禅、大岛绸、黄八丈等，作为传统工艺技术在各地传承了下来。

5. 此外，和服的美妙之处还在于，如果保管得当，可以祖母传给母亲，母亲传给女儿，代代相传。

问题Ⅳ　（略）

第5课　交　通

课文1　中国的交通

中国历史上不仅在各地修建了道路和水路，还修建了世界历史上著名的交通，如秦始皇修建的古代公路、隋朝的大运河、汉代的丝绸之路、明代郑和下西洋等。以马和茶为主进行交换而得名的传统茶马古道（云南省—西藏自治区），如今也被国道、高速公路、铁路所取代。

铁路

利用陆路的陆运有铁路、公路和市内各种运输工具，铁路网尤其发达。

中国铁路在国务院铁道部管辖下运营，主要被作为长途运输工具使用。

高铁

国家高铁的建设，始于1999年秦皇岛至沈阳段的建设。目前，中国建成了全球最大的高速铁路网。中国高铁网规划是一项宏大的工程。预计到2030年，整个高速铁路网将达到

4.5 万公里。

近郊电车

中国铁路过去以使用电力机车的长途运输为主，近年来，从上海到近郊的南京、苏州方向以及杭州方向的"动车组"，逐渐活跃在通往大城市的通勤中。

地铁

此外，近年来，许多城市都修建地铁作为城市内公共交通工具。

截至目前，地铁已在北京、广州、上海等近 20 个大城市运营。进入 21 世纪，以武汉、沈阳等各省省会城市为中心开始建设地铁，包括地面轻轨，作为大众运输工具的城市轨道交通系统（Rapid transit）运营。

桥和隧道

中国修建了许多用于公路、铁路或并用的跨越河流的桥梁。黄河早在明代就在兰州架起了"黄河第一桥"（浮桥）。到了中华人民共和国，在长江上建设了公路铁路并用桥——武汉长江大桥和南京长江大桥。进入 21 世纪后，又建设了杭州湾跨海大桥。此外，还修建了许多用于高速公路和高铁的桥梁。

隧道大多贯穿山岳，但过江隧道较少，目前武汉、成都等大河上游的大城市正在建设地铁隧道。

课文 2　日本的交通

铁路

日本的铁路大致分为 JR 线、私铁线、地铁线三种。如果能够很好地利用其各自的特征的话是非常方便的。特别是在市中心和城市之间出行时，准时的电车很方便。实际上，很多住在日本市中心的人，想要准时到达目的地时，比起汽车，更多的是乘坐电车。这是因为开车在东京等大城市的中心地带出行时，经常会遇到严重的交通堵塞，结果比预定的时间要晚很多。

JR 线

这是由各地区铁路公司（JR 北海道、JR 东日本、JR 东海、JR 西日本、JR 四国、JR 九州）组成的 JR 集团（前国铁于 1987 年民营化后更名为 JR）所运营的铁路。它覆盖了日本各地，包括四个主要岛屿，几乎可以去到所有的地方。日本最快的新干线也是由 JR 运营的，它被称为"子弹列车"（Bullet Train）。

其优点包括，由于运行时间快、范围广，适合城市间的长途出行；为外国游客提供方便的票务服务（JR 通行证）；除了可以用于购买车票，还搭载了各种功能的 IC 预付卡；享受附带的优惠福利。

缺点是，它不太适合短途出行，与其他铁路相比费用较高。

私营铁路线

这是由私营铁路公司运营的铁路。主要在东京和大阪等大城市内及其周边地区相对较短的距离内运行。

其优点是方便人们在大城市内和周边的短途和中程出行，并且一些铁路公司提供预付卡，这些卡可以用于其他交通工具。

缺点是，由于每条线都由不同的铁路公司运营，因此列车运行系统因公司而异，有点难以理解。

地铁线

（地铁）是贯穿于东京、大阪和名古屋等大城市的中心以及周围的地下铁路。截至2005年，在东京、大阪、名古屋、横滨、札幌、神户、京都、福冈、仙台等9个城市运行，在短距离出行时被作为对 JR 线和私营铁路线的补充来使用。

其优点是方便人们在市中心短距离出行，费用相对较低，并且其预付卡可以与一些其他的交通工具通用。

缺点是，它主要在城市内的站点之间短距离运行，从始发站到终点站的停靠站数量较多，因此不适合从总站到总站的中程出行，也不适合到城外的长途出行。此外，因为像东京这样的大城市在有限的范围内有很多线路行驶，多条线路错综复杂，换乘的时候有时会迷路。

练习参考答案

问题 I

1. 鉄道、高速鉄道、近郊電車、地下鉄、橋とトンネルなど。

2. 秦の始皇帝による古代道路、隋代の大運河、漢代のシルクロード、明代の鄭和による南海遠征、馬とお茶を主に交換したので名付けられた伝統的な茶馬古道など。

3. 中国のです。

4. 武漢長江大橋と南京長江大橋です。

5. （略）

6. 日本の鉄道には、JR 線、私鉄線、地下鉄線と、大きく分けて 3 種類があります。

7. 電車です。

8. JR 線、私鉄線、地下鉄線です。

9. 地下鉄です。

10. 長所は、都心部で短い距離間を移動するのに便利な点や、比較的料金が安い点、ま

た他の一部の交通機関と共通で使えるプリペイドカードがある点などです。

問題Ⅱ

（一）1. D　2. A

（二）1. C　2. D

問題Ⅲ

1. 中国铁路在国务院铁道部管辖下运营，主要被作为长途运输工具使用。

2. 中国高铁网规划是一项宏大的工程。预计到 2030 年，整个高速铁路网将达到 4.5 万公里。

3. 隧道大多贯穿山岳，但过江隧道较少，目前武汉、成都等大河上游的大城市正在建设地铁隧道。

4. 特别是在市中心和城市之间出行时，准时的电车很方便。

5. 此外，因为像东京这样的大城市在有限的范围内有很多线路行驶，多条线路错综复杂，换乘的时候有时会迷路。

問題Ⅳ （略）

第 6 课　京剧与歌舞伎

课文 1　京剧

京剧是中国传统的古典戏剧之一。是以北京为中心在中国范围内传播的最有影响力的中国地方剧。2010 年被列入联合国教科文组织的非物质文化遗产。

京剧演员们身着华丽服装，配合着热闹的铜锣、铜钹、大鼓等乐器的节奏，轻快地舞动，朗朗唱出优雅的中文台词，时而唱歌，时而起舞，时而表演剧中精彩的打斗。

京剧的出场人物根据角色和性格大致可分为"生、旦、净、丑"四种类型。演员从小开始进行基本训练，然后一生都会扮演符合自己条件的一个角色。也可以根据演员的化妆方法和服装等来区分其角色。

京剧的乐器可以分为四类，主要有京胡、月琴等弦乐器，笛子、唢呐等管乐器，打击乐器和其他乐器。

脸谱是京剧等中国古典剧的化妆方法，是在演员脸上施加的妆容。脸谱有两种意思。首先，表明剧中人物的身份和性格。红色代表忠义，黑色代表豪放，白色代表阴险的性格特征。脸上有"豆腐块"（脸的中心、鼻子及其两侧涂白）的是配角。其次，脸谱也能够传递出对这一人物的道德评价或者审美评价，如敬重、厌恶、愉悦之情等。

京剧以演绎历史故事为主。现在主要有《三国演义》《西游记》《水浒传》等以描写历史故事的传统文学作品为基础的剧目，以及其他新编历史剧、现代剧目等。

京剧的热门剧目《西游记》，当然以天下无敌的孙悟空最为人所熟知。对于初看京剧的人来说，因为内容简单易懂，所以很受欢迎。京剧中为人们所熟知的《孙悟空大闹天宫》，讲述的是一个天下无敌、拥有神通之力的孙悟空在天界大闹天宫、令人痛快的故事。这个剧目在日本也上演过。

课文 2　歌舞伎

歌舞伎始于江户时代，是一种拥有 400 多年历史的日本传统戏剧。

所谓歌舞伎，正如"歌""舞""伎"这三个字所表达的那样，它是通过歌曲音乐、舞蹈、演员的表演这三个要素来取悦观众。

歌舞伎的特征有以下几点：

① 有男演员扮演女性的"女形"；

② 演员上下场的花道；

③ 华丽的脸谱妆容；

④ "六方""见得"等独特的动作；

⑤ 歌舞伎演员家族继承制度。

正是这种独特的、与众不同的表演和规则，使得歌舞伎更具特色。

脸谱是歌舞伎独特的化妆方法，中国京剧中也有"脸谱"这种独特的化妆方法。脸谱翻译成日语通常用"隈取"这个词表达。尽管它们看上去很相似，但日本的脸谱不是全脸的妆容，而是夸张了脸部肌肉的局部妆容；而中国的脸谱则是涂整张脸的妆容。

京剧和歌舞伎的相同之处是都用脸谱区分角色，男性扮演女性角色等。不同之处是京剧演员唱歌，而歌舞伎演员则不唱歌。

歌舞伎剧目中最受欢迎的剧目之一就是《劝进帐》。登场人物包括主人公弁庆、他的主公源义经，以及一名守关的官员。在《劝进帐》中，体现出了希望能够帮助像义经这样处于弱势之人的"日本人的关怀之心"。

2009 年歌舞伎被列入联合国教科文组织的非物质文化遗产，作为日本的代表性传统表演艺术，以其特殊的风格之美而闻名于世。

练习参考答案

▌问题 I

1. 最も影響力のある中国の地方劇は京劇です。

2. ユネスコの無形文化遺産に登録されたのは 2010 年です。

3. 京劇の登場人物は大まかに「生・旦・浄・丑」の 4 パターンに分けられます。

4. 京劇の楽器類は主に京胡、月琴といった弦楽器、笛子、鎖吶といった管楽器、打楽器とそのほかの楽器という 4 種類に分けられます。

5. 隈取りには二つの意味があります。まず劇中の人物の身分や性格を表します。次に、その人物に対する評価を表します。

6. 京劇は歴史物語を演じることを主としています。現在は主に『三国志演義』『西遊記』『水滸伝』などの歴史物語を描く伝統的な文学作品に基づく演目やその他の新編歴史劇、現代演目などがあります。

7. （略）

8. 歌舞伎は江戸時代に始まり、400 年以上の歴史を持つ日本伝統的な演劇です。歌舞伎というのは、「歌」「舞」「伎」という言葉がそれぞれ表すように、歌や音楽、舞いと踊り、役者の芝居の 3 つの要素で見る人を楽しませるものということであります。

9. 歌舞伎は五つの特徴があります。①男性が女性を演じる女形の存在②客席の中を通る花道③派手な隈取模様の化粧④六方や見得などの独特の動き⑤親から子へと芸を受け継ぐ歌舞伎役者の家制度。

10. （略）

‖ **問題Ⅱ**

（一）1. B　2. D

（二）1. B　2. D

‖ **問題Ⅲ**

1. 京剧的出场人物根据角色和性格大致可分为"生、旦、净、丑"四种类型。

2. 脸谱是京剧等中国古典剧的化妆方法，是在演员脸上施加的妆容。

3. 京剧中为人们所熟知的《孙悟空大闹天宫》，讲述的是一个天下无敌、拥有神通之力的孙悟空在天界大闹天宫、令人痛快的故事。

4. 歌舞伎始于江户时代，是一种拥有 400 多年历史的日本传统戏剧。

5. 2009 年歌舞伎被列入联合国教科文组织的非物质文化遗产，作为日本的代表性传统表演艺术，以其特殊的风格之美而闻名于世界。

‖ **問題Ⅳ**　（略）

第7课 经商是什么

经商是什么？一般来说，是指"盈利"。更简单的说法是赚钱。也就是说，"你能赚多少钱"是经商最重要的。

那么，怎样才能创造销售额和利润呢？这取决于你能创造多少客户。

例如，我最初建立的网站是一个药学网站，我从大学生的时候就开始建立了。当时是药学专业学生，单纯地考虑"因为完全不能理解教授们的授课，想要建立像自己一样的没有理解力的学生也能明白的中级水平的教科书"，因此建立了这个网站。这样一来，不仅是全国的药学专业的学生，在职的药剂师和研究者等也开始看了，因此成为了人气网站。网站每月有300万以上点击量，通过在网站上刊登广告每月会有130万（日元）以上的收益。

我通过在网站上聚集与"想知道药学领域知识的人"相关的大量读者（顾客），成功地产生了巨大的利润。如果这是寺庙的网站的话，很容易想象它会因为几乎没有读者而不会取得同样的成果。但是，一般认为公司做事业的目的是盈利。

无论是大企业还是中小企业或个人进行商务活动都是一样的。特别是在电子商务中，在"能简单赚钱"的宣传语下进行传销经营的人非常多。只是，看看他们，很多都在一年内消失了。理由很简单，因为没有创造顾客。虽然可能一时赚了钱，但由于不理解德鲁克的名言"创造顾客"这一商业本质，结果很快就会从电子商务的世界中消失。

我在电子商务界（打拼）已经10多年，现在也能赚到钱的理由很简单。是因为我最优先考虑"建立一个能提供多少对读者（＝客户）有益信息的网站/博客"。

创业也好副业也好，事业开始的时候，尽量这样考虑，有意识地创造顾客。

当然，我以前也经历过工薪族的生活。每天固定的时间去公司，做同样的工作，向上司和客户低头，回家。并不是每天都有很大的变化，而是做着不变的工作度过了每一天。

但是，我和其他人不同的是，我"下班后和周末等都在经营"。也就是说，赚了工资和外快。正如已经说过的那样，我从药学专业学生的时候开始运营药学网站，工薪族的时候也作为副业在继续。

更进一步说，这个时候的网站，即使我每天在公司工作，也会自动运行。即使白天工作也没有关系。因此，除了药学网站以外，还启动了很多自动收益化系统，每月可以赚取公司固定工资数倍的金额，开始了独立创业。世界上有很多人认为"工资不涨""无论怎么努力都得不到好评""对上司有不满""想赚更多"。我在上班族时代也曾这样

想。只是因为在公司工作的时候觉得"那样的话，要是只靠自己一个人的力量能赚钱就好了"。

但是，创业并不是做已固有的和所分配的工作。需要从公司的招牌和零商品的状况开始创业，通过自己的判断决定开展什么样的业务。当然，并不是因为工作了就确实能赚到钱。只有在创造了顾客的时候才会盈利。

商业和工作不同。工作就是拿出自己的时间去劳动。而经营事业，必须自己边思考边创造顾客，为了盈利而建立经营结构。

练习参考答案

問題 I

1. 作者はお客さんを生み出すことだと思っています。

2. 作者が最初に構築した Web サイトは薬学サイトです。単純に「教授たちの講義をまったく理解できないため、自分のような理解力のない学生でもわかるような中級レベルの教科書が欲しい」と考えて構築しました。

3. サイトに広告を載せることで毎月 130 万以上の収益が得られました。

4. 薬学分野の知識を知りたい人をサイトに集めています。

5. 金銭を支払って加入した人が、他に 2 人以上の加入者を紹介・あっせんし、その結果、出費した額を超える金銭をあとで受け取ることを一般にねずみ講と言います。増殖する加入者の組織が破たんするまで続くことから、無限連鎖講とも呼ばれています。

6. 「顧客の創造」というビジネスの本質を理解していないからです。

7. 「どれだけ読者（＝顧客）に対して有益な情報を提供できるサイト・ブログを構築できるか」を最優先にしているからです。

8. 自分の時間を差し出して労働するのが仕事です。一方で事業を動かす場合、自分で考えながら顧客を生み出し、稼ぐために仕組みを作らなければいけなくなるのはビジネスです。

問題 II

（一）1. B　2. C

（二）1. A　2. B　3. B

問題 III

1. 那么，怎样才能创造销售额和利润呢？

2. 因为完全不能理解教授们的授课，想要建立像自己一样的没有理解力的学生也能明白

的中级水平的教科书。

3. 特别是在电子商务中，在"能简单赚钱"的宣传语下进行传销经营的人非常多。

4. 由于不理解德鲁克的名言"创造顾客"这一商业本质，结果很快就会从电子商务的世界中消失。

5. 只是因为在公司工作的时候觉得"那样的话，要是只靠自己一个人的力量能赚钱就好了"。

问题Ⅳ （略）

第 8 课　中国和日本的企业文化

课文

中国现代企业文化

中华人民共和国成立以后，特别是改革开放以后，随着市场经济的发展，许多国营和民营企业发展起来。在这些企业中，有只看经济利益的企业，但也有很多比起追求利益，更注重回报社会、为国家作贡献的企业。

下面以"海尔集团"和"中国平安保险公司"为例探讨。

"海尔集团"以"以仁为本"的儒家思想作为企业价值观，海尔的企业文化精神是"敬业报国、追求卓越"。对员工的管理采取末位淘汰、竞聘上岗的方针。海尔集团自成立以来，一直具有社会责任感，致力于公益、慈善事业。关于企业存在的目的，集团 CEO 张瑞敏曾说过这样一句话，任何企业的目标都一样，都是追求长期利益的最大化。但是，这只是目标，不是目的。企业存在的目的是与社会融为一体、推动社会进步。

平安保险公司在建设自身企业文化时，吸收中国的优秀传统文化和西方现代的管理思想，根据自身情况和市场要求，建立了独具特色的企业文化。平安保险公司的企业使命是：对客户负责，服务至上，诚信保障；对员工负责，生涯规划，安居乐业；对股东负责，增加资产，稳定回报；对社会负责，回馈社会，建设国家。平安保险公司以价值最大化为导向，倡导追求卓越，做高尚的人、有价值的人。公司形成了"诚实、信任、进取、成就"的个人价值观和"团结、活力、学习、创新"的团队价值观。

日本现代企业文化

第二次世界大战后，日本进入经济恢复期，其迅猛的恢复速度震惊了全世界。说起日本经济高速发展的原因，除了外部环境和日本企业经营方式（终身雇佣制、年功序列制、企业内部工会等）之外，日本企业文化起到了很大的作用。

下面以"松下电器产业"和"丰田织机产业"为例探讨。

松下电器产业是日本著名的电器生产公司，创始人是松下幸之助。松下幸之助认为，经营的目的不仅仅是赚钱，企业的使命是生产对社会有用的产品。

另一方面，即使在企业不景气的情况下，也不会解雇员工，为了保护员工，减少生产也是可以的。在追求经济利益的同时，做一些对社会有用的事情。

丰田织机产业的创始人丰田伊吉氏信奉"至诚、勤劳、分度、推让"的报德思想，对自己的儿子丰田佐吉也产生了很大影响。丰田佐吉将报德思想作为自己的价值观和公司的经营理念并实施。丰田佐吉的经营理念是改革社会、推动社会发展。

两国企业文化的比较

两国企业文化的共同点：

提倡勤劳、节俭、诚信等美德。在经营时，把诚实、守信、合法和"仁、义、礼、智、信"等思想作为商人的道德标准。倡导对社会的责任感。

两国企业文化的差异：

日本企业的特征是终身雇佣制、年功序列制、企业内部工会。日本员工认为企业不属于社长个人，而是作为共同体存在的。从社长到员工，大家都是这个共同体的一部分，日本企业就像一个大家庭一样。这个大家庭不是通过血缘，而是通过企业文化联结在一起的。另外，受到以"和"为贵的思想的影响，在大家庭一样的企业里，个人意识被轻视，大家共同进步，不刻意强调个人优势。

另一方面，在中国，很多人才把能否在企业充分发挥才能作为就业条件。进入公司后，很多人认为在自己的职位上取得优异的成绩、自己的能力得到大家的认可是一种光荣。公司方面也在推进员工之间的良性竞争。

练习参考答案

问题 I

1. 企業文化の精神は敬業報国、追求卓越（仕事に取り込み、国家に報い、卓越性を追求すること）です。

2. いずれの企業も目標は同じであり、長期的な利益の最大化を追求することである。しかし、それはただの目標であり、目的ではない。企業が存在する目的は社会と一体化に融合し、社会の進歩を推進することである。

3. 平安保険公司の企業使命は、「お客に責任感を持ち、最上のサービスを提供し、信用を守り、社員に責任感を持ち、仕事の生涯を企画し、安心に暮らし楽しく働けること、株主に責任感を持ち、資産を増加し、報酬を安定にすること、社会に責任感を

持ち、社会に報い、国に貢献すること」です。

4. 日本の著しい発展の原因には、外部の環境や日本式の経営方式（終身雇用制、年功序列制、企業内労働組合など）以外に、日本の企業文化は大きな影響を与えました。

5. 日本式の経営方式は終身雇用制、年功序列制、企業内労働組合などです。

6. 松下電器産業の企業文化は企業の経済的な利益を求める同時に、社会に役に立つことをすることです。

7. 中日の企業文化の共通点は２つあります。

(1) 「勤労・節倹・信用」などの美徳を提唱すること。

(2) 社会に対する責任感を唱えること。

8. 日本企業は終身雇用制、年功序列制、企業内労働組合などの特徴があります。

日本人の社員は企業を社長の個人的なものではなくて、共同体としている存在していると見做している。また、「和」を重んじる思想の影響で、その家族のような企業では、個人意識は軽視され、皆は共同で進歩し、自分の優秀さをアピールすることをしない。

中国では、数多くの人材は企業が才能を充分に生かせるかどうかということを就職の条件としている。入社後、自分の職位で優秀な成績を取り、みんなに自分の能力を認められることを光栄と思っている人が多いである。会社のほうも、社員の間の適度な競争を推進している。

‖ 問題 II

（一）1. B　2. C

（二）1. D　2. B

‖ 問題 III

1. "海尔集团"以"以仁为本"的儒家思想作为企业价值观，海尔的企业文化精神是"敬业报国、追求卓越"。

2. 企业存在的目的是与社会融为一体、推动社会进步。

3. 公司形成了"诚实、信任、进取、成就"的个人价值观和"团结、活力、学习、创新"的团队价值观。

4. 在经营时，把诚实、守信、合法和"仁、义、礼、智、信"等思想作为商人的道德标准。

5. 从社长到员工，大家都是这个共同体的一部分，日本企业就像一个大家庭一样。

‖ 問題 IV　（略）

第 9 课　中国品牌进入日本

课文

在日本崛起的中国企业

近年来，中国企业纷纷进军海外市场，目标是成为政府提出的"源自中国的世界级品牌"。最近在日本，这种趋势也很明显，以"海底捞火锅""小肥羊"为代表的火锅店，以及兰州拉面店排队的新闻，想必很多人都看到过。在上海也是耳熟能详的"CoCo 都可""鹿角巷""贡茶"等推出的"珍珠奶茶"，以游客为中心持续升温。

中国品牌的人气不止在餐饮业。在通过智能手机传播开来的短视频社区中，在中国以"抖音"之名而闻名的应用软件"Tik Tok"、网络游戏《荒野行动》等也抓住了日本年轻人的心。特别是"Tik Tok"，有一半以上日本初中一年级女生在使用，这是一种令人惊讶的渗透。

与中国几乎相同的品质

首先是"海底捞火锅"新宿店。从 2015 年 9 月池袋店开张开始，以东京都内为首，大阪和神户也有分店。因为预约不到，店前等待进店的人排起了长队。入口有提供免费零食等服务，毫不逊色于中国的海底捞。店内还有著名的变脸表演和边跳舞边抻面（海派捞面）的表演。很多人是第一次看到，有的人在拍照，像是游客。味道也几乎相同，但在蘸料方面却有一些差异。据说客人的 8 成是中国人，但实际上只有一半左右，可能是因为场所的原因，各种国籍的人围着火锅。"小肥羊"涩谷店也有很多外国人光顾。

在闹市等待一个小时

在东京都内的闹市，"珍珠奶茶"专卖店排起了长队。可以根据自己的喜好定制奶盖和珍珠，作为中国台湾地区的茶咖，客层以韩国人等游客和日本学生居多。很长一段时间要等一个多小时才能买到，买到后就开始拍照了。引领潮流的是 2015 年 9 月开业的"贡茶"原宿表参道店。2017 年 2 月，"CoCo 都可"登陆日本；同年 7 月，"鹿角巷"登陆日本。

风靡一时的拉面

在日本的兰州拉面馆大排长龙。掀起这股热潮的是兰州市老字号"马子禄牛肉面"。现在在该店，只要避开拥挤的时间段，不用排队就可以进店。味道和在中国吃的一样，非常好吃。位于办公区，周边的日本人经常将其作为商务午餐来享用。

接下来是"麻辣烫"的专卖店"张亮麻辣烫"高田马场店。这也是在上海常见的店，在日本也已经在大阪、名古屋等地开设了 6 家店铺。进店时，客人和工作人员都只说中文，

一切都是中国式的。麻辣烫专卖店在东京各处都是开店热潮。麻辣烫作为"药膳粉丝汤"，很受喜欢吃辣的日本女性的欢迎。

　　网约车服务

　　中国网约车服务巨头"DiDi"与日本出租车巨头"第一交通产业"合作，于2018年9月开始在大阪提供服务。2019年4月，宣布将该区域扩大至全国13个城市，4月24日起在东京和京都也可以使用。今后将依次扩大到北海道、兵库县、福冈县等地。

练习参考答案

‖问题 I

1. （略）

2. 「海底捞火鍋」、「小肥羊」、「張亮麻辣燙」、蘭州拉麺店、「CoCo 都可」、「鹿角巷」、「貢茶」など。

3. 韓国人などの観光客と、日本人の学生が多いです。

4. 味は中国で食べるものと変わりなく、とても美味しいからです。

5. 店内では、名物である変面ショーや、舞いながら麺を伸ばすパフォーマンスがあります。

6. 辛い物好きな日本人の女性です。

7. 入店時は客、スタッフともに中国語を話す人しかおらず、全てが中国式に回っていました。

8. （略）

‖问题 II

（一）1. D　2. B

（二）1. B　2. D

‖问题 III

1. 近年来，中国企业纷纷进军海外市场，目标是成为政府提出的"源自中国的世界级品牌"。

2. 店内还有著名的变脸表演和边跳舞边抻面（海派捞面）的表演。

3. 作为中国台湾地区的茶咖，客层以韩国人等游客和日本学生居多。

4. 进店时，客人和工作人员都只说中文，一切都是中国式的。

5. 中国网约车服务巨头"DiDi"与日本出租车巨头"第一交通产业"合作，于2018年9月开始在大阪提供服务。

‖问题 IV　（略）

第 10 课　中国的跨境电商

课文

近几年，从化妆品、服装到家具、汽车，越来越多的中国制造进入海外消费者的"购物车"，种类也越来越丰富。中国的"跨境电商"（发展）情况良好。

海外的用户在买什么？

来自中国南京的跨境电商网站 SHEIN，以性价比抓住了欧美年轻人的心。销售的中国制造的服装和鞋子，因为不通过代理，"中间利润为零"，即使价格最高的也只是 10 多美元（1 美元约 144.7 日元）。

不仅仅是衣服和鞋子，对于一部分人来说，假发作为时尚不可缺少的产品也很受欢迎。以美国为例，长假发大概要 500 美元到 600 美元，而在阿里巴巴旗下的速卖通（AliExpress）则只需几十美元就能买到中国制造的假发。

手机壳、手机充电线、手机膜等小商品，在中国几十元（1 元约 20.2 日元）就能全部买齐。但是在国外这种产品的价格非常高。例如，在中国售价 15 元（约 303 日元）的（手机）壳在国外的商店售价 25 美元（1 美元约 144.7 日元，约 3617.5 日元），不只是翻倍，甚至上涨了 10 倍以上！

海外有很多沉迷于中国科技产品的"科技宅"。他们小心翼翼地挑选出无人机、摄位车、特定品牌的智能手环等产品，然后焦急地等待着它们的到来。

加辣油的老干妈在中国售价十几元，亚马逊则以近 5 倍的 11.99 美元卖出。尽管如此，人们还是无法战胜想尝试新口味的诱惑。

中国的年轻人为了健康，在保温瓶的茶水、开水里放入枸杞喝，这个方法很早就被海外的健康杂志介绍过。健康没有国界。

中药老字号北京同仁堂的罐装枸杞，在中国售价 48 元，在亚马逊含运费 29 美元，即便如此，还是比有机食品店便宜很多。

海外的消费者在哪里买？

亚马逊只是中国商人全球发展的一个缩影。阿里巴巴旗下的速卖通是一个很早上市的跨境电商网站。

在俄罗斯和西班牙等国家，速卖通通过高性价比的假发和女性服装等开拓了市场。这几年，拓展海外市场的企业也在努力打造自己的品牌，让中国制造更具设计性。

中国淘宝改变了当今人们的购物方式。在东南亚各国流行的叫作 Lazada 的购物网站，

应该也可以说是淘宝的复制版吧。

海外消费者为什么喜欢在中国的电子商务网站购物？

在中国电商网站上的购物人气，并非单纯因为便宜，性价比高才是坚定不移的真正原因。

中国制造早已扬名全球，越来越多的中国品牌开始将重心从单纯的生产转向生产＋设计，力争更顺利地进入海外主流市场。

海外消费者通过来自中国的"跨境电商"购物，不仅仅是想在巨大的价格差中寻找便宜的商品。香草提取物产品清凉油和板蓝根等，作为"神秘的东方药物"在海外也大受欢迎。

由于受新型冠状病毒的影响，中国人暂时不能出国旅游和消费了。但是，通过货机和集装箱，中国制造被稳步地运送到海外，其步伐并没有停止。

接受订单前，将商品运送至海外仓

海外仓库是在海外设立的仓库储藏设施，向中国的制造商、品牌企业、贸易公司、物流服务公司等提供物品的保管储藏、中转、分类、包装、仓库内加工、配送等基础性服务，以及订单处理、通关手续、退货换货、资金筹措、海外代销等增值服务。

商品发货迅速、退货换货简单是海外仓的主要优势。海外仓设立在消费者所在国，企业可以提前运进大量商品，消费者购买商品后，商品直接从消费者所在国发货，因此大大缩短了配送时间。因为消费者退、换货时可以直接将商品返回海外仓，所以与其他方法相比，利用海外仓退、换货更方便快捷。

练习参考答案

問題Ⅰ

1. 主に衣類や靴やウィッグやスマホカバーなどを買います。

2. クコの実を入れて飲みます。

3. 東南アジアの各国で流行しているショッピングサイトは Lazada です。

4. 単に安いからではなく、コスパの高さが真の理由です。

5. 貨物機やコンテナを通じて、メイド・イン・チャイナは海外へと運ばれます。

6. 商品の発送がスピーディで、返品・交換が簡単です。

7. 海外倉庫に商品を戻せます。

8. アマゾンや速売通などをよく使います。

問題Ⅱ

（一）1.A　2.B

（二）1.C　2.C

问题Ⅲ

1. 近几年，从化妆品、服装到家具、汽车，越来越多的中国制造进入海外消费者的"购物车"，种类也越来越丰富。

2. 手机壳、手机充电线、手机膜等小商品，在中国几十元（1元约20.2日元）就能全部买齐。

3. 他们小心翼翼地挑选出无人机、摄位车、特定品牌的智能手环等产品，然后焦急地等待着它们的到来。

4. 在中国电商网站上的购物人气，并非单纯因为便宜，性价比高才是坚定不移的真正原因。

5. 通过货机和集装箱，中国制造被稳步地运送到海外，其步伐并没有停止。

问题Ⅳ （略）

第 11 课　数字化点亮新生活

课文

打开导航软件，出行路线一目了然，软件还能实时分析路况、预估出行时间。

在电商平台上选购衣物，通过线上试衣功能，可以直观感受衣服搭配是否合适。

居家休闲，足不出户便可"云游"博物馆、欣赏珍贵文物。对于许多中国人而言，这些场景早已成为日常生活的一部分。

中国的数字经济规模从 2012 年的 11 万亿元增长到 2021 年的 45.5 万亿元，数字产业化基础更加坚实，产业数字化步伐持续加快。

这十年，数字化让生活更便利。2012 年至 2021 年间，中国互联网普及率从 42.1% 提升到 73%，所有地级市全面建成光网城市，建制村、脱贫村通宽带率达 100%。截至 2022 年 7 月底，中国 5G 移动电话用户达到 4.75 亿户，已建成全球规模最大的 5G 网络。

得益于数字基础设施实现跨越发展，分享经济、网络零售、移动支付等新技术、新业态、新模式不断涌现，数字中国建设的丰硕成果覆盖社会生活的方方面面。

在城市社区，扫码点餐、刷脸支付给市民带来新体验，智慧停车、人脸识别进出小区、垃圾智能分类回收便利日常生活。

在广袤乡村，借助电商直播，农产品走出大山，依托数字化技术，传统农业加速向智慧农业转变。

这十年，数字便民利民惠民服务加快普及。借助数字技术，以线上化、远程化为代表

的新型服务模式日益普遍。在海南省，有 18 个市县医院、340 家乡镇卫生院和 2700 家村卫生室部署了 5G 远程医疗设备，让患者平均看病时间缩短 3 至 5 个小时，就医效率提升 30%。在福建省福州市鼓岭旅游度假区，5G 网络覆盖全景区，5G 可视化综合管理平台、民宿监管系统等"5G+智慧旅游"项目应用落地，助力旅游度假区客流量提升 13%。在江西省抚州市，一根网线连起城市和农村课堂，让村里娃也能享受城里的优质教育资源。

今天的中国，建成了全球规模最大的线上教育平台和全国统一的医保信息平台，远程医疗覆盖超过全国 90% 的县区。这十年，数字技术为解决城乡、区域间优质社会服务资源配置不均衡问题提供了重要助力。

这十年，数字政府治理服务效能显著提升。数字政府是数字中国的重要组成部分，将数字技术广泛应用于政府管理服务，是推进治理体系和治理能力现代化的有效举措，也是更好满足公众对政务服务越来越高需求的必然选择。放眼当下，"掌上办""指尖办"已经成为各地政务服务标配，"一网通办""异地可办"已成现实，近 90% 的省级行政许可事项实现网上受理和"最多跑一次"，平均承诺时限压缩了一半以上。

联合国电子政务调查报告显示，中国电子政务在线服务指数全球排名第九位。

随着数字中国建设的深入推进，数字技术得到广泛应用，越来越多人享受到了数字红利。

练习参考答案

▌问题 I

1. ナビゲーションソフトを開けば、ルートが一目瞭然になり、さらにソフトがリアルタイムで道路状況を分析して、所要時間も予想してくれます。

2. （略）

3. 2012 年から 2021 年までの間に、中国のデジタル経済の規模は 34 兆 5 千億元を増加しました。中国のインターネット普及率は 42.1％から 73％に上昇しました。

4. シェアリングエコノミー、ネット小売、モバイル決済などの新技術・新業態・新モデルが次々に登場しています。

5. 都市のコミュニティでは、コード読み取りによる料理の注文や顔認証決済が市民に新しい体験をもたらし、スマート駐車場、顔認証による団地の出入り、ごみのスマート分別回収が日常生活に便利さをもたらしています。

6. 広大な農村では、EC のライブコマースを利用して、農産物が外部へ販路を広げ、デジタル化技術を背景に、従来の農業がスマート農業への転換を加速させています。

7. オンライン化と遠隔化をはじめとする新型サービスモデルが日増しに普及しています。（略）

8. 「1つのネットで一括手続き」、「エリアが変わっても手続き可能」という業務サービスが現実のものになりました。

9. （略）

10. （略）

問題 II

（一）1. B　2. A

（二）1. B　2. A

問題 III

1. 在电商平台上选购衣物，通过线上试衣功能，可以直观感受衣服搭配是否合适。

2. 在城市社区，扫码点餐、刷脸支付给市民带来新体验，智慧停车、人脸识别进出小区、垃圾智能分类回收便利日常生活。

3. 一根网线连起城市和农村课堂，让村里娃也能享受城里的优质教育资源。

4. 今天的中国，建成了全球规模最大的线上教育平台和全国统一的医保信息平台，远程医疗覆盖超过全国 90% 的县区。

5. 这十年，数字技术为解决城乡、区域间优质社会服务资源配置不均衡问题提供了重要助力。

問題 IV　（略）

第 12 课　一 带 一 路

课文

"一带一路"又称"海陆现代版丝绸之路"，是以中国为首连接中国与欧洲以基础设施建设为轴心的庞大区域经济战略构想。经中亚至欧洲的陆上丝绸之路经济带为"一带"，从中国南海经印度洋抵达欧洲的 21 世纪海上丝绸之路为"一路"。

对象及区域

丝绸之路经济带有三大走向。一是从中国西北、东北经中亚、俄罗斯至欧洲、波罗的海；二是从中国西北经中亚、西亚至波斯湾、地中海；三是从中国西南经中南半岛至印度洋。

21 世纪海上丝绸之路有两大走向，一是从中国沿海港口过南海，经马六甲海峡到印度洋，延伸至欧洲；二是从中国沿海港口过南海，向南太平洋延伸。

根据上述五大方向，按照共建"一带一路"的合作重点和空间布局，中国提出了"六

廊六路多国多港"的合作框架。

"六廊"是指新亚欧大陆桥、中蒙俄、中国—中亚—西亚、中国—中南半岛、中巴和孟中印缅等六大国际经济合作走廊。

"六路"的主要内容为铁路、公路、航运、航空、管道和空间综合信息网络等基础设施互联互通。

"多国"是指一批先期合作国家。"一带一路"沿线有众多国家，中国既要与各国平等互利合作，也要结合实际与一些国家率先合作，争取有示范效应、体现"一带一路"理念的合作成果，吸引更多国家参与共建"一带一路"。

"多港"是指若干保障海上运输大通道安全畅通的合作港口。通过与"一带一路"沿线国家共建一批重要港口和节点城市，进一步繁荣海上合作。

因此，"一带一路"构想由中国倡议并推进，以亚欧大陆发展中国家为主要合作对象。

21世纪海上丝绸之路之新

21世纪海上丝路之新，在于其新的时代视野、新的顶层设计、新的合作模式、新的发展愿景、新的精神内涵。

与古代海上丝绸之路相比，海上新丝路首先新在"21世纪"这一面向未来的时间坐标。当今世界，经济全球化深入发展、区域一体化风生水起，国际格局的诸般深度调整和变化，呼唤着更加公平公正的国际秩序。

21世纪海上丝路之新，还在于创新的合作模式和发展愿景。"一带一路"建设，以步入新常态的中国进一步对外开放为契机，以政策、道路、贸易、货币、民心的互联互通为血脉经络，致力于把快速发展的中国经济同沿线国家的利益结合起来，把中国梦与亚太梦、世界梦编织在一起。

新时代、新模式、新愿景，必将使"和平合作、开放包容、互学互鉴、互利共赢"的丝路精神在传承中获得提升，被注入属于21世纪的特别的精神内涵。

历史将证明，21世纪海上丝绸之路，不是马歇尔计划、不是门罗宣言、不是朝贡外交，更不是"简单地重新激活历史上的贸易路线"。这条跨越万里波涛的新丝路，将见证国家之间的和平合作、文明之间的平等相处。它将缓和而不是制造紧张，消弭而不是加深误解，将给沿线所有国家带来互利共赢、共同繁荣的福祉。

对中国的战略意义

第一是中国新一轮改革开放的需要。近年来中国经济取得了很大的成绩，国内生产总值（GDP）跃居世界第二，货币贸易量世界第一，但是中国的发展还面临诸多困难。尤其是东部和中西部发展不平衡的问题比较突出。中西部要实现跨越式发展，需要加快东部产能向中西部的转移，发挥中西部地区与邻国交流合作的潜力。中国经济增长以往更多得益

于东部沿海的率先开放，更多强调引进来，相对更重视发达市场。而今是全方位开放，引进来和走出去并重，与发达国家和发展中国家都加强经济合作，"一带一路"正是其中一环。

第二是推进亚洲区域合作的需要。亚洲已成为世界经济增长的引擎，是经济全球化的中坚力量，但也面临不少新老问题。比如亚洲的区域一体化水平与欧洲、北美相比还有不小的差距，特别是亚洲各区域间发展不平衡，联系不紧密，交通基础设施或者不联不通，或者联而不通，或者通而不畅，这样的问题都相对比较突出，对深化区域合作构成了不少的障碍。又比如全球贸易投资和能源格局发生深刻变化，亚洲国家处于经济转型升级关键阶段。"一带一路"有助于连接南亚、东南亚、西亚乃至欧洲的部分区域。"一带一路"包含基础设施建设和体制机制创新，有利于改善区域内和有关国家的融商环境。

第三是促进世界和平与发展的需要。古代亚欧大陆历经血与火的洗礼，丝绸之路是和平之路、合作之路和友好之路。经过丝绸之路，各国实现了商品、人员、技术和思想的交流，推动了经济、文化和社会的进步，促进了不同文明的对话与交融。古代丝绸之路展现的和平友好、开放包容、互利共赢的精神是中国人民的精神财富，也是全世界的非物质文化遗产。继承和弘扬古代丝绸之路精神，为其注入新的时代内涵，将为促进世界和平与发展作出独特的贡献。

练习参考答案

‖問題 I

1. 「一帯一路」とは、「海と陸の現代版シルクロード」とも呼ばれ、インフラ建設の軸に中国主導の経済圏をつくる中国と欧州を結ぶ巨大な広域経済圏構想のことであります。

2. 陸路で中央アジアを経てヨーロッパへと続くシルクロード経済ベルトが「一帯」、南中国海からインド洋を通りヨーロッパへ向かう 21 世紀の海上シルクロードが「一路」と呼ばれます。

3. シルクロード経済ベルトには三つのルートがあります。中国西北、東北から中央アジア、ロシアを経てヨーロッパ、バルト海に至るもの、中国西北から中央アジア、西アジアを経てペルシア湾、地中海に至るもの、中国西南から中南半島を経てインド洋に至るものであります。

4. 21 世紀海上シルクロードには二つのルートがあります。中国の沿海港から南中国海を通り、マラッカ海峡を経てインド洋に至り、ヨーロッパへ延伸するもの、中国の沿海港から南中国海を通り、南太平洋へ延伸するものであります。

5. 両者をあわせた五つのルートに基づき、「一帯一路」共同建設の協力の重点と地理的

条件にあわせて、「六廊六路多国多港」という協力の枠組みを示しました。

6. 「六路」とは、鉄道、道路、海運、航空、パイプライン、情報網を指し、インフラの相互接続が主要な内容であります。

7. 21世紀海上シルクロードの新しさは、その新しい時代の視野、新しいトップデザイン、新しい協力モデル、新しい発展ビジョン、新しい精神の内包にあります。

8. 古代シルクロードの精神は平和、友好、開放、包容、ウィン・ウィンです。

9. 21世紀海上シルクロードの精神は平和協力、開放包容、相互学習と相互研究、互恵・ウィンウィンです。

10. まず、さらなる改革開放のために必要です。また、アジアにおける地域協力のために必要です。そして、世界の平和と発展のために必要であります。

‖ 問題 II

（一）1. A　2. B

（二）1. C　2. D

‖ 問題 III

1. 经中亚至欧洲的陆上丝绸之路经济带为"一带"，从中国南海经印度洋抵达欧洲的21世纪海上丝绸之路为"一路"。

2. "一带一路"沿线有众多国家，中国既要与各国平等互利合作，也要结合实际与一些国家率先合作，争取有示范效应、体现"一带一路"理念的合作成果，吸引更多国家参与共建"一带一路"。

3. 新时代、新模式、新愿景，必将使"和平合作、开放包容、互学互鉴、互利共赢"的丝路精神在传承中获得提升，被注入属于21世纪的特别的精神内涵。

4. 亚洲已成为世界经济增长的引擎，是经济全球化的中坚力量，但也面临不少新老问题。

5. 经过丝绸之路，各国实现了商品、人员、技术和思想的交流，推动了经济、文化和社会的进步，促进了不同文明的对话与交融。

‖ 問題 IV （略）

参考资料

一、本文部分

第 1 课

本文 1（whenever 广东）2016 年 8 月 8 日

織姫と牽牛の愛の物語

本文 2（日语之声）

https://mp.weixin.qq.com/s?src=11&timestamp=1675304460&ver=4325&signature=t-hkQKwq5*

kiNoNO56lx3HZ6ZIRsRlCLsW8U0n6OUu1umOOrvB0BhFz5-hD2zK2ApfTnfCFeLCmKEm6S

W1IXdYq8Gev-n7WJfXFduOoryByTGAn*HQRfaMxw7fgJASMC&new=1

第 2 课

本文 1（whenever 广东）

https://mp.weixin.qq.com/s/n_jsj5v_yDm2cxhjRHXe6A

本文 2

https://discoverlocal.site/lifestyle/about-japanese-new-year/

第 3 课

http://china-icchina.com/chinese-food-charm/

https://we-xpats.com/ja/guide/as/jp/detail/6527/

https://www.meiji.co.jp/meiji-shokuiku/japaneseculture/washoku/

第 4 课

http://china-icchina.com/about-china-dress/

https://leveragescareer.com/ja/cn/contents/article/3871/

https://haa.athuman.com/media/japanese/culture/885/

第 5 课

https://bite-japan.com/jap/koutsu.1-j.html#koutsuu.1-top

https://wiki.edu.vn/jp/wiki24/2022/04/02/%E4%B8%AD%E5%9B%BD%E3%81%AE%E4%BA

%A4%E9%80%9A-wikipedia/

第 6 课

本文 1

https://japan.visitbeijing.com.cn/article/47Jv4aSQ7Pr

https://japan.visitbeijing.com.cn/article/47Jv4b98kQs

本文 2

https://jp-culture.jp/kabukitoha/

第 7 课

pharm-kusuri.com

第 8 课

https://www.jstage.jst.go.jp/article/jasmin/2014s/0/2014s_69/_pdf/-char/ja

第 9 课

https://shvoice.com/special_feature/62669.html

第 10 课

http://j.people.com.cn/n3/2022/0929/c94476-10153386.html

第 11 课

http://j.people.com.cn/n3/2022/0919/c94476-10148835.html

第 12 课

一带一路とは － コトバンク（kotobank.jp）

http://jp.xinhuanet.com/2015-02/13/c_133993220.htm

二、問題Ⅱ（J.TEST 真题）主要参考了以下真题中的内容

J.TEST D-E 级第 144 回	J.TEST D-E 级第 146 回
J.TEST D-E 级第 148 回	J.TEST D-E 级第 150 回
J.TEST D-E 级第 151 回	J.TEST D-E 级第 152 回
J.TEST D-E 级第 153 回	J.TEST A-C 级第 149 回
J.TEST A-C 级第 150 回	J.TEST A-C 级第 151 回
J.TEST A-C 级第 153 回